# Oratoria sin miedo

Cómo cautivar a tu audiencia, transmitir
tu mensaje y conquistar al público

## Daniel Colombo

**| | S**

**HOJAS DEL SUR**

Buenos Aires

www.hojasdelsur.com

Oratoria sin miedo
*Daniel Colombo*

1a edición

**Editorial Hojas del Sur S.A.**
Albarellos 3016
Buenos Aires, C1419FSU, Argentina
e-mail: info@hojasdelsur.com
**www.hojasdelsur.com**

ISBN 978-987-1882-61-8

Impreso en los talleres gráficos Del Reino Impresores S.R.L.
Cerrito 1169, Bernal Oeste, Buenos Aires, Argentina
Abril de 2017
Tirada: 2.000 ejemplares

Dirección editorial: Andrés Mego
Edición: Silvana Freddi
Diseño de portada: Arte Hojas del Sur
Diseño de interior: AADG / www.about.me/aadg

**Colombo, Daniel**
    Oratoria sin miedo : Cómo cautivar a tu audiencia, transmitir tu mensaje y conquistar al público - 1a ed. - Ciudad Autónoma de Buenos Aires : Hojas del Sur, 2017.
    176 p. ; 21 x 14 cm.
    ISBN 978-987-1882-61-8
    1. Superación Personal. I. Título.
    CDD 158.1

# Índice

Introducción . . . . . . . . . . . . . . . . . . . . . . . . . . . . . . . . . . . . . . . . . . . . . . . 5

1.  El valor de la oratoria . . . . . . . . . . . . . . . . . . . . . . . . . . . . . . . . . . . . . 7

2.  Los primeros pasos como orador . . . . . . . . . . . . . . . . . . . . . . . . . 23

3.  Cómo preparar un discurso . . . . . . . . . . . . . . . . . . . . . . . . . . . . . . 49

4.  Cómo hacer discursos exitosos . . . . . . . . . . . . . . . . . . . . . . . . . . 73

5.  Cómo darle brillo a tu presentación . . . . . . . . . . . . . . . . . . . . . . 87

6.  Cómo manejar la participación del público . . . . . . . . . . . . . . . . 111

7.  La voz: tu herramienta fundamental . . . . . . . . . . . . . . . . . . . . . . 123

8.  Cómo comunican nuestros gestos . . . . . . . . . . . . . . . . . . . . . . . . 131

9.  Ejercicios para convertirte en un orador profesional . . . . . . . . . . . . . 143

# Introducción

## Cómo hablar sin miedos y convertirse en un orador eficaz

Desde el momento en que el directorio le asignó la tarea de recibir a las altas autoridades del país, para inaugurar un nuevo complejo industrial y dar un discurso, sus noches no fueron las mismas. Le costaba conciliar el sueño y se despertaba sobresaltado, con terribles pesadillas. ¿Acaso soñaba con monstruos o fantasmas? Nada de eso: soñaba con que se quedaba paralizado.

—*Tengo pánico de hablar frente a la gente. Me aparecen las fantasías más oscuras: que me caigo en el escenario, que la voz no me sale, que se corta la luz... De solo pensarlo, comienzo a sentir emociones tan fuertes y negativas, que hice todo lo posible para no tener esa responsabilidad.*

—*Es natural que te suceda —le dije al ejecutivo a quien entrenaba como coach en oratoria y comunicación—. Todos los seres humanos tenemos miedos bastante frecuentes; entre ellos, el miedo a ser rechazados y a hacer el ridículo.*

—*¡Eso es exactamente lo que me pasa! Pienso que no podré transmitir el mensaje de la empresa y que tiraré abajo la imagen que tantos años nos ha costado construir.*

—*¡Tranquilo! La gran mayoría de los seres humanos,*

*desde que aprendemos a hablar, tenemos la habilidad de expresar nuestras ideas y conceptos. Conociendo las claves de la oratoria, podrás transformar las ideas en un discurso eficaz, para que el público te comprenda y hasta se emocione y comparta la visión que estás transmitiendo.*

Amigo lector, tal vez te identificas en algo con este caso real. ¿El micrófono te produce miedo? ¿No puedes aceptar tu voz tal cual es? ¿Te cuesta ordenar tus ideas al hablar ante pequeños grupos o grandes auditorios? ¿Vives comparándote con gente que, en tu opinión, tiene mayores habilidades en este campo? ¿Sientes vergüenza? ¿Dudas acerca de cómo vestirte, qué decir y qué gestos hacer para acompañar tu discurso?

La presente obra se centra en otro aspecto esencial de la gestión empresarial: "aprender a hablar sin miedo". Esto significa todo aquello que tú puedes conquistar mejorando tus habilidades como orador eficaz: autoestima, respeto, consideración, reputación personal y profesional y mejores negocios, al expresar claramente tus ideas.

Si te preguntas si podrás lograr hablar sin miedo en cualquier situación, la respuesta es contundente: ¡Claro que sí! Por eso, te invito a ponerte en movimiento ahora mismo.

*Daniel Colombo*

# CAPÍTULO 1

# El valor de la oratoria

## Un poco de historia

Así como en el siglo V a.c., el sabio griego llamado Só-crates motivaba a sus discípulos para que hablaran con el fin de dar a conocer su verdadero yo, hoy el diálogo sigue siendo la mejor forma de comunicación entre las personas.

Los niños lo entienden cuando declaran su amor a su primera novia en la infancia; los jóvenes lo demuestran entre copas cuando hablan de sus problemas con amigos. Pero algunos hombres, que fueron niños y jóvenes, parecen no comprenderlo cuando tienen que enfrentar a un auditorio. Para ellos, hay una solución: la posibilidad de transformarse en buen orador. La *Real Academia Española* define la oratoria como "el arte de hablar con elocuencia". Y mientras en otras disciplinas, escritores y pintores apelan a la emoción con sus obras, un buen orador debe emocionar con la fuerza de sus palabras, y además informar, convencer, persuadir o deleitar a su público. La oratoria, como arte, y la elocuencia, como fuerza expresiva, siempre van de la mano.

Para entender mejor a qué nos referimos cuando hablamos de oratoria, es preciso definirla también como una ciencia, una técnica y un instrumento. Es una ciencia porque uno de sus principios es estudiar y conocer. Es una técnica porque debe seguir ciertos procedimientos para llevarse a cabo con éxito. Es un instrumento porque se trata de una herramienta para convencer al auditorio sobre lo que estamos exponiendo.

Si piensas que no necesitas convertirte en un buen orador, porque nunca deberás presentarte ante un auditorio, te propongo reflexionar un instante. Cualquier persona que se relaciona socialmente, o se encuentra inserta en el mundo laboral, cotidianamente tiene que expresar una idea, rendir un examen, elaborar un discurso y, en muchos casos, necesita convencer a quienes se está dirigiendo para poder alcanzar el éxito.

Entre los grandes líderes que dejaron su sello en la historia de la humanidad, hubo ciegos y sordos, pero nunca un mudo. Saber algo no es lo mismo que saber decirlo y aquí es donde la comunicación oral toma gran importancia.

*Es un hombre elocuente el que puede tratar los temas de carácter humilde con delicadeza; las cosas grandes, de manera impresionante, y las cosas moderadas, con templanza.*

—**Marco Tulio Cicerón** (escritor, orador y político romano)

## Los grandes oradores de la humanidad

Desde las primeras civilizaciones del mundo, siempre ha habido personajes que se destacaron por su capacidad para hablar. Y no es casualidad que esas mismas personas sean recordadas como líderes de sus pueblos. Si bien muchos han tenido una habilidad innata que los llevó a destacarse, es cierto que es un privilegio reservado para unos pocos.

Aunque siempre ha habido personas que resaltaron por tomar la palabra en público, la mayor parte de los estudiosos considera que la oratoria cobró importancia como arte en Sicilia y se desarrolló luego en Grecia, donde los personajes públicos que se destacaban con la palabra alcanzaron prestigio político y poder. En cada país encontraremos grandes oradores en diversos ámbitos, aunque siempre fue la política el ambiente natural de ellos.

En Grecia, Sócrates creó la escuela de oratoria más famosa de Atenas, con un concepto amplio y patriótico de la misión del orador: debía ser un hombre instruido y movido por altos ideales éticos, a fin de garantizar el progreso del estado. En este campo el mejor fue Demóstenes, cuyas cualidades constituyen la máxima expresión significativa intelectual ateniense.

Demóstenes aprendió retórica mediante el estudio de los discursos de oradores anteriores, y pronunció sus primeros argumentos judiciales a los 20 años de edad para reclamar su herencia. Posteriormente trabajó como escritor de discursos judiciales y como abogado, hasta que se interesó por la política y se convirtió en el principal opositor de Filipo II de Macedonia. Pese a que tuvo algunas batallas ganadas con la palabra, la violencia pudo con él y, antes de ser capturado por el ejército enemigo, se suicidó.

Cuando la oratoria pasó a Roma, Marco Tulio Cicerón se encargó de perfeccionarla, y hoy sus discursos y teorías son obligatorios para quienes quieran especializarse en este arte. La oratoria tuvo poca relevancia política porque la figura del emperador la opacaba. Cicerón fue su máxima expresión y logró varias victorias como opositor a Julio César y sus seguidores. Como cónsul, realizó muchas presentaciones contra el imperio que lo movieron desde sus cimientos. También implementó las primeras obras retóricas, como la conocida *De oratote y orator*, que hoy es un tratado universal. Una vez desaparecido Cicerón, el auge de la oratoria y los grandes oradores se fueron perdiendo. La causa profunda de la crisis de la oratoria en Roma fue la desaparición de la libertad, ya que al poseer los emperadores el poder total, la vida política desapareció, y con ella la oratoria.

En la Edad Media la oratoria influyó poderosamente en la poesía y la literatura en general, pasándole parte de sus recursos expresivos, para luego volver a destacarse en el siglo XIX. A partir de ese momento, las técnicas fueron sistematizadas en escuelas europeas y más tarde en los Estados Unidos de América, país que en la actualidad lidera los recursos aplicados a la formación de oradores, tanto en el ámbito político como empresarial.

## Cuando la oratoria pasó al ámbito corporativo: Steve Jobs

Entre las millones de presentaciones de relevantes empresarios, posiblemente ninguna sobresale tanto como las de Steve Jobs, que no solo se destacaba por su visión de negocios sino también por su capacidad para hablar. En cada una de sus presentaciones, no vendía computadoras ni reproductores de música, sino sueños: la posibilidad de un mundo mejor. Cuando Jobs lanzó al mercado el iPod en 2001, dijo: "De nuestra pequeña forma, haremos del mundo un mejor lugar". No lo presentó como un simple reproductor de música, sino como un producto que les permitía a sus usuarios enriquecer sus vidas.

Toda presentación debe seguir una línea, contar una historia, acompañar con la voz y con imágenes, ser impactante y visualmente atractiva. Steve Jobs unía todos estos recursos: presentaba invitados, sumaba videos y atrapaba a su público de una manera tal, que nadie se daba cuenta de que estaba vendiendo un producto.

## Siete llaves de oro para impactar en el público

Observa estos siete puntos a destacar de las presentaciones de Steve Jobs y piensa en cuáles estás dispuesto a poner en práctica, adaptándolos a tu próximo discurso:

1. Usaba todo el escenario a voluntad, según creía conveniente.
2. Poseía un gran manejo de los silencios y las pausas, y los utilizaba cuando quería enfatizar algún punto en su exposición.
3. Hacía un uso muy adecuado de la ironía, lo cual en lugar de provocar irritación, causaba gracia en la audiencia. No temía mencionar de alguna forma a la competencia.
4. La comunicación no verbal es una de las claves para convertirse en un buen orador. Cada vez que deseaba dejar en evidencia hechos contundentes, colocaba las palmas de sus manos a la vista de los presentes.
5. Relacionada con la comunicación no verbal, se encuentra la vestimenta. A Jobs nunca se lo veía vestido de traje, porque era una de sus características principales, pero en todas sus presentaciones usaba indumentaria y colores muy neutrales.
6. La postura corporal también es clave. Siempre se mostraba sumamente relajado, lo cual demostraba su comodidad para hablar frente a un auditorio.

7. Por último, se destacaba por no ser un "orador convencional". No se presentaba como un personaje dispuesto a brindar un show, aunque utilizara herramientas espectaculares. Jobs era consciente de quién era, de qué compañía representaba y de la importancia de lo que mostraba en cada presentación. Su identidad e imagen estaban en sincronía y el resultado era evidente: *credibilidad, naturalidad y autenticidad.*

*Intercambiaría toda mi tecnología por una tarde con Sócrates.*

—**Steve Jobs** (presidente y fundador de Apple)

## Análisis de un discurso que hizo historia

Para comprender mejor las herramientas esenciales de la oratoria (el discurso), a continuación te invito a leer el discurso en una versión abreviada de Steve Jobs en la Universidad de Stanford, durante la apertura del curso 2005. Destacaremos algunos recursos empleados que te ayudarán a familiarizarte con las herramientas necesarias en el proceso de convertirte en un orador excepcional.

"Tengo el honor de estar hoy aquí con ustedes en su comienzo en una de las mejores universidades del mundo. La verdad sea dicha, yo nunca me gradué. Esto es lo más cerca que jamás he estado de una graduación universitaria.

Hoy les quiero contar tres historias de mi vida. Nada especial. Solo tres historias.

*Encuadra su presentación, haciendo una breve síntesis inicial.*

La primera versa sobre "conectar los puntos". Dejé la universidad de Reed (Portland, Oregon) tras los seis primeros meses, pero después seguí vagando por allí otros dieciocho meses, más o menos, antes de abandonar del todo. Entonces, ¿por qué lo dejé? Todo comenzó antes de que yo naciera. Mi madre biológica era una estudiante joven y soltera que decidió darme en adopción.

*Toca las emociones del público con una anécdota.*

Ella tenía muy claro que quienes me adoptaran tendrían que ser universitarios, de modo que todo fue arreglado para que fuese adoptado por un abogado y su mujer. Pero cuando yo nací, decidieron a último momento que en realidad querían una niña. Así que mis padres, que estaban en lista de espera, recibieron una llamada a medianoche en la que les preguntaron:

—Tenemos un niño no esperado, ¿lo quieren?

—Por supuesto —dijeron ellos—.

Mi madre biológica se enteró de que mi madre adoptiva no tenía un título universitario y de que mi padre ni siquiera había terminado el bachillerato; así que se negó a firmar los papales de adopción. Cedió, meses más tarde, cuando mis padres prometieron que algún día yo iría a la universidad. Y diecisiete años más tarde fui a la universidad. Pero de forma descuidada elegí una universidad que era casi tan cara como Stanford, y todos los ahorros de mis padres, de clase trabajadora, los gasté en la matrícula. Después de seis meses, no le veía propósito alguno. No tenía idea de qué quería hacer con mi vida, y menos aun de cómo la universidad me podía ayudar a averiguarlo. Y estaba gastando todos los ahorros que mis padres habían conseguido a lo largo de su vida. Así que decidí dejar y confiar en que las cosas saldrían bien. En su momento me dio miedo, pero en retrospectiva fue una de las mejores decisiones que jamás haya tomado.

*Habla de miedos humanos, se pone a la par de su público.*

En el momento en que dejé, ya no fui más a las clases obligatorias que no me interesaban y comencé a meterme en las que parecían interesantes. No era idílico. No tenía dormitorio, así que dormía en el suelo de las habitaciones de mis amigos, devolvía botellas de Coca Cola por los cinco centavos del envase para conseguir dinero para comer, y caminaba más de diez kilómetros los domingos por la noche para comer bien una vez por semana en el templo de los Hare Krishna. Me encantaba, y muchas cosas con las que me fui topando, al seguir mi curiosidad e intuición, resultaron no tener precio más adelante.

Les daré un ejemplo: en aquella época la Universidad de Reed ofrecía la mejor formación en caligrafía del país. Como ya no estaba matriculado y no tenía clases obligatorias, decidí concurrir al curso de caligrafía para aprender cómo se hacía.

*Utiliza ejemplos, ligados directamente con su empresa y productos, donde el diseño y la tecnología son claves.*

Aprendí cosas sobre las tipografías, los espacios variables entre letras y lo que hace realmente buena a una tipografía. Nada de esto tenía ni la más mínima esperanza de aplicación práctica en mi vida. Pero diez años más tarde, cuando estábamos diseñando la primera computadora Macintosh, todo eso volvió a mí y diseñamos el Mac con esa información en su esencia. Fue la primera computadora con tipografías bellas.

*Va al punto, a lo que quiere transmitir. Menciona su marca y la conecta con experiencias creadas con su público.*

Era imposible conectar los puntos mirando hacia el futuro cuando estaba en esa clase, pero fue muy claro al mirar atrás diez años más tarde. Es preciso confiar en que los puntos se conectarán alguna vez en el futuro y en algo, ya sea el instinto, el destino, la vida, el karma o lo que sea. Porque tal creencia te permite confiar en tu corazón. Esta forma de actuar nunca me ha dejado caído y ha marcado la diferencia en mi vida.

*Resume la primera historia. Cierra este bloque con conceptos universales de filosofía de vida. Crea una imagen clara y realista en el público.*

Mi segunda historia es sobre el amor y la pérdida. Tuve la suerte de saber pronto qué era lo que más deseaba hacer en la vida. Woz y yo creamos Apple en la cochera de mis padres cuando tenía 20 años. Trabajamos mucho y, en diez años, Apple creció de ser dos a ser una compañía valuada en 2.000 millones de dólares con 4.000 empleados. Hacía justo un año que habíamos lanzado nuestra mejor creación, el Macintosh, y hacía poco que había cumplido los 30... y me despidieron. ¿Cómo lo pueden echar a uno de la empresa que ha creado?

Mientras Apple crecía, contratamos a alguien muy capacitado para manejar la compañía junto a mí. Durante el primer año, las cosas anduvieron bien pero luego nuestra perspectiva del futuro comenzó a diferir, y finalmente nos apartamos por completo. Entonces la Junta Directiva se puso de parte de él. De modo que, a los 30 años estaba afuera. Lo que había sido el centro de mi vida adulta había desaparecido, lo cual fue devastador.

Realmente no sabía qué hacer. Durante meses, sentí que había dejado de lado a la generación previa de emprendedores. Fue un fracaso notorio, a tal punto que pensé en huir de Silicon Valley. Pero algo comenzó a abrirse paso en mí, pues todavía amaba lo que hacía...

*Se muestra al mismo nivel que cualquier emprendedor. Revela algunos de sus tropiezos. Logra identificación mostrándose como un empresario común y corriente.*

Decidí comenzar de nuevo. No lo veía de esa manera en ese entonces, pero resultó ser que el hecho de que me echaran de la empresa fue lo mejor que me podría haber pasado. Había cambiado el peso del éxito por la liviandad de ser un principiante, con menos seguridad. Eso me liberó para entrar en uno de los períodos más creativos de mi vida. Durante los siguientes cinco años, creé dos empresas llamadas NeXT y Pixar y me enamoré de una mujer maravillosa que se convirtió en mi esposa.

Pixar llegó a crear el primer largometraje animado por computadora (Toy Story) y es el estudio de animación más exitoso del mundo. En un notable giro de los acontecimientos, Apple compró NeXT, yo regresé a la compañía y la tecnología que desarrollamos en NeXT es el corazón del actual renacimiento de Apple. Laurene y yo tenemos una maravillosa familia.

Estoy seguro de que nada de esto habría ocurrido si no me hubieran echado de Apple. A veces, la vida te pega en la cabeza con un ladrillo. No pierdas la fe. Estoy convencido de que la única cosa que me mantuvo en marcha fue mi amor por lo que hacía. Tienes que encontrar qué es lo que amas. La única forma de tener un trabajo genial es amar lo que uno hace. Si aún no lo has encontrado, sigue buscando. No te conformes.

*Cierra este bloque con un llamado inspirador. Invita a salir de la zona cómoda y animarse a emprender. El orador habla mirando a los ojos del público y, con el poder de sus ideas y sus palabras, toca su corazón.*

Mi tercera historia es sobre la muerte. Cuando tenía 17 años, leí una cita que decía: "Si vives cada día como si fuera el último, algún día tendrás razón". Desde entonces, durante los últimos 33 años, cada mañana me he mirado en el espejo y me he preguntado: "Si hoy fuese el último día de mi vida, ¿querría hacer lo que voy a hacer hoy?". Y si la respuesta era que no, durante días sabía que necesitaba cambiar algo.

Recordar que voy a morir es la herramienta más importante que he encontrado para ayudarme a tomar las grandes decisiones de mi vida. Porque prácticamente todo, las expectativas ajenas, el orgullo, el miedo al ridículo o al fracaso, se desvanece frente a la muerte y solo queda lo que es verdaderamente importante.

Hace casi un año me diagnosticaron cáncer. Me hicieron un chequeo a las 7:30 de la mañana que mostraba claramente un tumor en el páncreas. Ni siquiera sabía qué era el páncreas. Los médicos me dijeron que era un tipo de cáncer incurable y que mi esperanza de vida sería de tres a seis meses. Me aconsejaron ir a casa y dejar arreglados mis asuntos, lo cual significa: prepárate a morir. Implica asegurarse de que todo quede bien atado, para que sea lo más fácil posible para la familia.

A última hora de la tarde, me hicieron una biopsia, introduciendo un endoscopio por la garganta a través del estómago y el duodeno y pincharon el páncreas con una aguja para obtener algunas células tumorales. Resultó ser una forma muy rara de cáncer pancreático que se puede curar con cirugía. Me operaron y ahora estoy bien.

Esto es lo más cerca que he estado de la muerte y espero que sea lo más cerca que esté durante algunas décadas más. Ahora puedo decir con certeza, cuando la muerte era un concepto útil pero puramente intelectual, que nadie quiere morir. Y, sin embargo, la muerte es el destino que todos compartimos. Nadie ha escapado de ella y es posiblemente el mejor invento de la vida. Es el agente de cambio que retira lo viejo para hacer sitio a lo nuevo.

*El orador cuenta una historia personal fuerte y conmovedora. Era la primera vez que lo hablaba en público. Era "su" tema del discurso en esta ocasión y lo aprovechó de la mejor forma para compartir los mensajes claves de su empresa y de lo que quiere dejar como legado.*

Nuestro tiempo es limitado, así que no lo gastes viviendo la vida de otro. No permitas que el ruido de las opiniones ajenas ahogue tu propia voz interior. Y lo más importante, ten el coraje de seguir tu corazón y tu intuición. De algún modo, ellos ya saben lo que realmente quieres ser. Todo lo demás es secundario".

Más allá de las enseñanzas de vida que dejan las palabras del discurso de Steve Jobs, que se puede ver completo en YouTube (uno de los videos más vistos de la historia), es una oda a la oratoria por varias razones: la claridad de sus mensajes, la estructura, que se divide en tres etapas, y el contenido, que sin lugar a dudas deja una huella.

*Hoy resulta muy tentador enviar un mail en vez de encontrarse con alguien o hablar por teléfono. Pero el mail tiene solo contenido verbal, deja de lado la riquísima variedad de mensajes emocionales que se transmiten junto con las palabras, en una comunicación cara a cara o en una conversación telefónica.*

—**Daniel Goleman** (psicólogo, escritor e impulsor de la inteligencia emocional)

CAPÍTULO 2

# Los primeros pasos como orador

## Los cinco principios básicos de la oratoria

La oratoria consiste en la excelencia de la expresión oral, ya que se basa en lo mejor del idioma, por un lado, y en lo mejor de las relaciones humanas, por el otro. No es un debate, ni un discurso, ni una falsa exhibición artificial. Tampoco es una disertación informativa, aunque contenga información. Y a pesar de que debe entretener, no es, en esencia, una charla entretenida en sí misma.

La oratoria es un arte y, como tal, sigue algunos principios básicos:

1. *Ser claro.* Jamás te enredes en explicaciones intelectuales largas y aburridas.
2. *Ser breve.* Optimiza tus tiempos al máximo y nunca hables demás. Los neurólogos han descubierto que el cerebro se agota después de diez a quince minutos de una presentación. Si tu presentación

tiene una duración estimada más larga, realiza pausas, muestra videos y permítele a la audiencia tomar un descanso.

3. *Ser conciso.* Sé directo y transmite tus conocimientos sin preámbulos. Es decir, ve al punto.

4. *Ser sencillo.* Aunque seas una autoridad sobre el tema, apela siempre a la humildad para "ganarte" al auditorio.

5. *Ser elegante.* Tanto desde el punto de vista visual como oral, tu imagen es importante ante el público.

Los principios básicos de la oratoria son el resultado de estudios de miles de personas de diversos países durante siglos. Son aquellos comportamientos coincidentes en los buenos oradores, que se pueden observar en todas sus presentaciones. Por eso mismo, ten la certeza de que si utilizas estos principios básicos te desempeñarás exitosamente frente al público.

*Preséntaselo breve, así lo leerán. Claro, así lo apreciarán. Pintoresco, así lo apreciarán. Y sobre todo, preciso, así se guiarán por su luz.*

—**Joseph Pulitzer** (editor y periodista húngaro, impulsor de los célebres premios Pulitzer)

## Cómo funciona el proceso de la oratoria

La oratoria, como todo arte, tiene sus propios elementos.

Tal como lo plantea Aristóteles, el discurso cuenta con tres elementos fundamentales, que se interrelacionan entre sí:

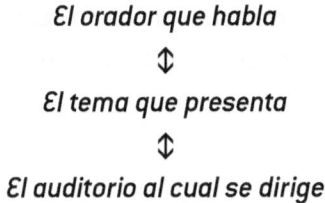

*El orador que habla*

↕

*El tema que presenta*

↕

*El auditorio al cual se dirige*

La oratoria es un hecho social, una comunicación entre orador y público por medio de un instrumento: la palabra hablada. Según la teoría de la comunicación, todo mensaje contiene los siguientes elementos:

- Emisor
- Canal
- Receptor

El *emisor,* en este caso el orador, expone el mensaje que desea transmitir a un receptor (oyente, auditorio, público) mediante un código (palabras y gestos).

El *canal* de información es el medio por el cual circula el mensaje y puede ser personal, radial, televisivo, etc.

El *receptor* es su público, que decodifica o interpreta el mensaje y procede a dar su respuesta. Este proceso de respuesta, llamado feedback, puede producir cambios en el mensaje original y además corregir defectos imprevistos al principio.

*Los grandes comunicadores saben apreciar las situaciones. Las miden. Comprenden a la gente con la que tratan y qué cosas pueden o no pueden escuchar. Envían su mensaje a través de una puerta abierta, en lugar de intentar empujarlo a través de una pared.*

—**John Kotter** (autor especialista en management)

## Cómo transmitir tu mensaje sin ruidos ni interferencias

La respuesta del auditorio ante tu discurso puede ser mediante preguntas, gestos de aburrimiento o de aprobación, movimientos de las sillas, etc. Por eso, al feedback también se lo considera "retroalimentación" y define la posibilidad de alimentarse mutuamente (el orador y su público), de forma continua, para lograr que el mensaje llegue con claridad.

Cualquier inconveniente en esta etapa se denomina ruido o interferencia. Existen dos tipos de ruidos:

- Ruido semántico
- Ruido de canal

El *ruido semántico* se relaciona con la forma de codificación del mensaje. El contenido del mensaje debería ser decodificado fácilmente por los destinatarios. Cuando esta decodificación se hace compleja o inadecuada para el público receptor, su llegada pierde efectividad. Por ejemplo, si tú emites un mensaje sumamente técnico para un público masivo, es probable que su contenido se pierda en gran parte.

El *ruido de canal* se relaciona con problemas propios del canal utilizado para la transmisión, que actúan en contra de una recepción adecuada. Por ejemplo, problemas con el micrófono o los parlantes, ruidos de la calle, murmullos en la sala, fallas técnicas en la pantalla que acompaña la presentación con un documento audiovisual, etc.

## Cualquier parecido con la realidad es pura coincidencia

*El capitán al ayudante:*
Como usted sabe, mañana habrá eclipse de sol, cosa que no ocurre todos los días. Haga salir a los hombres hacia el campo de maniobras a las cinco a.m. en traje de campaña. Podrán ver el fenómeno y les daré las explicaciones necesarias. Si llueve, no hay nada que ver; en tal caso, deje a los hombres en el cuartel.

*El ayudante al sargento:*
Por orden del capitán, mañana por la mañana a las cinco, habrá un eclipse de sol en traje de campaña. El capitán dará las explicaciones necesarias en el campo de maniobras, cosa que no ocurre todos los días. Si llueve, no hay nada que ver, pero entonces el fenómeno tendrá lugar en el cuartel.

*El sargento al cabo:*
Por orden del capitán, mañana por la mañana a las cinco, apertura del eclipse en el terreno de maniobras. Los

hombres estarán en traje de campaña. El capitán dará las explicaciones necesarias en el cuartel sobre ese raro fenómeno si acaso lloviese, cosa que no ocurre todos los días.

*El cabo a los soldados:*
Mañana a las cinco, el capitán hará que se eclipse el sol en traje de campaña con las explicaciones necesarias sobre el terreno de maniobras. Si por casualidad lloviese, ese raro fenómeno tendría lugar en el cuartel, cosa que no ocurre todos los días.

*Los soldados entre sí:*
Mañana muy temprano, a las cinco, el sol en el terreno de maniobras hará eclipsar al capitán en el cuartel. Si por casualidad lloviese, este raro fenómeno tendría lugar en traje de campaña, cosa que no ocurre todos los días.

## Aprende a comunicar sin ruidos

Para eliminar los ruidos en la comunicación, existen cuatro principios de la comunicación eficiente, llamados "las cuatro C":

1. *Claro.* Tu mensaje debería ser expuesto en términos sencillos para el auditorio. Palabras técnicas y difíciles producen interferencias en la codificación o en la decodificación. Ten en cuenta a quién te diriges para saber qué lenguaje utilizar.
2. *Conciso.* Para que el mensaje no pierda interés por

parte del auditorio, debe entregarse lo más brevemente posible. Si tu discurso puede durar una hora, prográmalo para que dure 30 minutos.

3. *Correcto.* Tu mensaje no puede ser equivocado. Su corrección es el principio más importante destinado a eliminar interferencias en el proceso de comunicación.

4. *Concreto.* Enfócate en el tema básico del discurso, sin extenderte en derivaciones. Si dispones de un breve tiempo, concéntrate solo en las ideas principales.

A su vez, hay otros tres elementos del proceso básico de comunicación a tener en cuenta para que tu presentación sea clara, concisa, correcta y concreta:

1. *Experimentar la retroalimentación*
Es la condición necesaria para la interactividad del proceso comunicativo, siempre y cuando se reciba una respuesta (actitud, conducta), ya sea deseada o no. Así se logra la interacción entre el emisor y el receptor, que puede ser positiva (cuando fomenta la comunicación) o negativa (cuando se busca cambiar el tema o terminar la comunicación).

Si no hay realimentación, entonces solo hay información pero no comunicación. La retroalimentación es aquel sistema capaz de dar y recibir información. Es muy importante que durante todo el discurso, seas capaz de crear un ambiente interactivo y que no se trate solo de un canal de transmisión en un solo sentido (monólogo).

El uso de preguntas en el aire, aunque sean contestadas por ti mismo, crea en el espectador un círculo de interactividad. En definitiva, tú tienes que hacerle creer al público que su presencia es importante y que es una parte trascendental de tu discurso. Es decir, hacerlo partícipe y coprotagonista de lo que estás exponiendo.

**2.** *Observar la comunicación no verbal*
La comunicación no verbal (C.N.V.) es aquella que se expresa con la mirada, los gestos, el movimiento. No solo las palabras componen un discurso, debes sumarle movimientos rítmicos a tu explicación que ayuden al oyente a comprender lo que quieres decir.

**3.** *Utilizar conectores con mucha frecuencia*
Es necesario que hagas concordar tus frases y el enlace de unas con otras. Evita los cortes al máximo, para no dar a entender que estás tratando puntos distintos, sino que todo es el mismo tema relacionado. Los cortes restan fluidez y concordancia al discurso. Todo lo que digas debería tener cierta relación con lo anterior, por lo que el uso de conectores colaborará en gran medida a que esto se cumpla.

**Aprende a utilizar conectores y mejora tus discursos**
Mediante el uso de conectores, de forma sencilla, práctica y efectiva, podrás darle sentido de unidad a tu discurso.

Los conectores son aliados indispensables para darse a uno mismo unos pocos segundos para recordar lo que sigue, o retomar un tema para completarlo, sin dispersar al público. Veamos algunos de los más comunes:

*De suma:* y, además, también, asimismo, por añadidura, igualmente.

*Para intensificar la intención:* encima, es más, más aún.

*Para marcar grados máximos:* incluso, hasta, para colmo.

*De concesión:* con todo, a pesar de todo, aun así, ahora bien, de cualquier modo, al mismo tiempo.

*De restricción:* pero, sin embargo, no obstante, en cierto modo, en cierta medida, hasta cierto punto, si bien, por otra parte.

*Para marcar exclusiones:* por el contrario, en cambio.

*Para marcar consecuencia:* por lo tanto, por consiguiente, de ahí que, en consecuencia, así pues, por lo tanto, por eso, por lo que sigue, por esta razón, entonces, entonces resulta que, de manera que.

*Para indicar causas:* porque, pues, puesto que.

*Para hacer comparaciones:* del mismo modo, igualmente, análogamente, de modo similar, de forma tal.

*Para acentuar una explicación:* es decir, o sea, esto es, a saber, en otras palabras.

*Para recapitular y repasar conceptos:* en resumen, en resumidas cuentas, en suma, total, en una palabra, en otras palabras, dicho de otro modo, en breve, en síntesis.

*Para enunciar ejemplos*: por ejemplo, así, así como, particularmente, específicamente, para ilustrar.

*Para hacer una corrección*: mejor dicho, o sea, bueno.

*Ordenadores en el comienzo del discurso*: bueno, ante todo, para comenzar, primeramente.

*Ordenadores en el cierre del discurso*: en fin, por último, en suma, finalmente, terminando, para resumir.

*Ordenadores de transición*: por otro lado, por otra parte, en otro orden de cosas, a continuación, acto seguido, después.

*Ordenadores de digresión*: por cierto, a propósito, a todo esto.

*Ordenadores temporales*: después (de), después (que), luego, desde (que), desde (entonces), a partir de, antes de, antes que, hasta que, en cuanto, al principio, en el comienzo, a continuación, inmediatamente, temporalmente, actualmente, finalmente, por último, cuando.

*Ordenadores para marcar espacios*: al lado, arriba, abajo, a la izquierda, en el medio, en el fondo.

## Consejos para convertirse en un orador efectivo

En cualquier ámbito profesional y personal, la oratoria es siempre una herramienta para comunicar información acerca de cualquier proyecto u objetivo, porque permite aprovechar mejor las oportunidades de llegar e impactar a cualquier clase de auditorio. Por eso, se dice que la oratoria es una cualidad clave. Sin embargo, no todos se sienten cómodos cuando se les pide que digan unas palabras en público, sobre todo cuando los presentes no esperan nada menos que un buen desempeño.

A continuación, encontrarás algunas cuestiones básicas a tener en cuenta antes de enfrentarte a cualquier tipo de auditorio:

**1.** *Conoce a tu público*
Es muy complejo afrontar una situación de discurso, si no sabes quién es tu audiencia. ¿Por qué están aquí? ¿Vinieron espontáneamente o fueron obligados? ¿Cuál es el interés que tienen en acompañarte en tu exposición? ¿Por qué lo que digas puede ser interesante para ellos? Averigua toda la información posible y planifica cuidadosamente tu presentación.

**2.** *Mantén el rumbo (no abandones tu tema principal)*
Es necesario que el público sienta que tu discurso tiene un objetivo y tú avanzas hacia este progresivamente. Por eso, no te vayas por las ramas extendiéndote en ejemplos sin sentido, o referencias fuera de contexto. A un discurso o una conferencia, la hacen tú, tu mensaje y el público.

**3.** *Sé cuidadoso con las interrupciones de los oyentes*
Eres el capitán del barco. Los aportes del público pueden ser positivos y enriquecedores pero, en ocasiones, hacen que el discurso se vaya de cause y tome un rumbo equivocado. Con frecuencia, sobre todo si aún no tienes dominio del arte de la oratoria, pueden hacer que te apartes del

objetivo propuesto. Estas son algunas frases que permiten encauzar el rumbo: "Sus palabras me traen a colación..."; "eso me recuerda..."; "es interesante su punto de vista, sin embargo..."; "precisamente hablaré sobre eso más adelante..."; y tantas otras formas, sin agredir ni confrontar.

### 4. Conoce profundamente tu tema

A veces debemos dar discursos sobre aspectos que no son de nuestra incumbencia. Es necesario tener una opinión formada y solvencia acerca del tema a abordar. Esto te permitirá hablar con autoridad, entusiasmo y convicción. Un orador experimentado puede abordar prácticamente cualquier tema. Esto se logra buscando en nuestro interior y apelando a la experiencia, los estudios, los proyectos y todas las fuentes de información posibles. Apelando a una expresión popular, nunca caigas en "una guitarreada", es decir, no hables utilizando palabras elocuentes carentes de sentido. El público se da cuenta al instante y brinda su feedback de forma inapropiada.

### 5. Utiliza ejemplos y comparaciones

Puede suceder que uno de los principales inconvenientes sea el de transmitir ideas abstractas o difíciles. En este caso, busca ejemplos, establece paralelismos, usa metáforas y analogías, para hacer más clara tu exposición. El recurso de las comparaciones es sumamente eficaz y consiste en comparar lo que estás expresando con elementos o situaciones de otros ámbitos, que tú intuyes que pueden ser conocidos por el auditorio y tienen parecido con el tema.

## 6. *Apoya la información con estadísticas*

Siempre que sea factible, es importante utilizar estadísticas que apoyen tu tema. No abuses de los números, y menos aún, si son complejos de explicar. Brinda síntesis con un sentido de apoyo a lo que estás exponiendo. Puedes entregar copias impresas o digitalizadas del material expuesto, lo cual siempre es bienvenido. Si así lo haces, anúncialo al comienzo para que el público se mantenga enfocado en tu discurso, sin tomar notas.

## 7. *Comunícate con los distintos tipos de públicos que están allí*

Si bien podemos ver al público como una gran masa uniforme, cada persona tiene sus particularidades, personalidad, experiencia y expectativas acerca de tu exposición. Por eso, es importante articular tu discurso de forma tal que llegue eficazmente a cada una de las personas. Según la P.N.L. (Programación Neurolingüística), los seres humanos captamos la información básicamente de tres formas. Hay personas que son predominantemente visuales, auditivas o kinestésicas. Si bien la forma en que cada ser humano se permite captar la información está determinada por su historia personal y sus filtros, si utilizas apropiadamente los recursos de esta ciencia para llegar al público, puede resultar sumamente enriquecedor.

## 8. *Entra en detalle (con cuidado)*

Un efectivo uso del nivel de detalles en tu exposición puede darte lucimiento y brillo. Mientras que el uso fuera de control produce aburrimiento y hace que el público se disperse de la idea principal, provocando un efecto negativo.

> *Encanto más talento, más una ligera informalidad, te ayudarán mucho al principio. Pero al final de cuentas, es la brevedad la que conquista el corazón del público.*
>
> **—Richard Cheney** (ex vicepresidente de los Estados Unidos)

## 9. *Utiliza testimonios*

En caso de que uses relatos, fuentes de información de distinto tipo y casos reales, chequea siempre su veracidad. Un recurso que resulta útil es el de referenciar a personajes de renombre que, de alguna forma, te ayudan a graficar tus ideas. Otra forma indirecta de utilizar la técnica de testimonios es poner ejemplos en potenciales terceras personas acerca de aspectos que tienes que mencionar y pueden despertar polémica. Aquí puedes utilizar frases como: "Un amigo empresario me confió que..."; "hace poco encontré en Internet la historia de...", para darle contexto.

## 10. *Haz crecer tus ideas*

Cada ocasión como orador es una oportunidad para dar un salto hacia algo mejor, que te permita ampliar tus ideas y conceptos. Lleva un registro de lo que funcionó y no funcionó en tus presentaciones. Una técnica que puede ayudarte es hacer un debate con tus compañeros de la empresa o tus amigos. Así podrás testear no solo tus ideas y procedimientos, sino además incorporar aspectos que quizás no se te habían ocurrido.

## 11. *Prepárate para improvisar*

Sin necesidad de que te conviertas en un actor especialista en improvisaciones, es altamente frecuente que en alguna ocasión aparezca la ineludible necesidad de abordar un tema que no tenías preparado, o un aspecto que no habías considerado. Para muchas personas, esto puede resultar estresante. Otro motivo de improvisación es cuando algo falla en tu puesta en escena, como un corte de luz, el proyector, la computadora o el sonido. Utiliza esa oportunidad a tu favor. Siempre hay un método sencillo y práctico para salir del paso.

## 12. *Cuida los tiempos y el espacio*

Debes conocer de antemano el tiempo acordado para tu discurso, el tamaño del lugar, la acústica, los elementos tecnológicos y visuales disponibles, la cantidad de público, los horarios y la programación del acto. En caso de compartir ponencias, es fundamental saber quiénes serán tus compañeros en escena y qué temas abordarán. Esto te permitirá preparar mejor tu disertación. También hacer saber al público la estructura de la presentación, que incluya instrucciones de seguridad y operativas. Los intervalos son altamente recomendables aproximadamente cada hora y cuarto.

### 13. *Conoce el lugar*

Este es un aspecto clave para sentirse a gusto y bajar en gran medida el nivel de estrés que puedas sentir en la instancia de ser orador. En nuestra profesión, como en la vida, es necesario habituarnos a los espacios y lugares, conocer a la gente y familiarizarnos con los detalles, lo cual nos ayudará a sentirnos más cómodos.

### 14. *Toma tiempo para saber quiénes vienen a verte*

Una buena forma de romper el hielo con el público y, a la vez, atravesar tus miedos, es dedicar unos minutos a saludar a la gente que va llegando. Puedes hacerlo cerca de la puerta de acceso, o presentándote espontáneamente caminando entre las sillas cuando ya se hayan sentado. Pero si no eres muy diestro en ello, lo recomendable es que permanezcas en un lugar apartado, creándote un ambiente tranquilo y confortable. Haz una breve visualización de ti mismo presentando tu tema con éxito, cierra los ojos y respira profundamente varias veces, dejando salir cualquier tensión que sientas.

*El vocero tiene un papel especialmente sensible dentro de una comunidad. Por su aparición mediática y la amplificación del mensaje posee la llave para generar o destruir ese capital simbólico que es la imagen, su activo más importante.*

—**Eduardo Sánchez** (consultor argentino, profesor y director de posgrados)

## 15. Gánate al público con la dinámica y el lenguaje apropiados

Tan importante como tu mensaje es usar el lenguaje adecuado ante el público. Este puede ser técnico, científico, simple, etc. La elección está determinada por el tipo de auditorio. Lo importante es no caer en demasiada sofisticación ni rebusques a la hora de dar un discurso. Cuanto más sencillo, llano, concreto y tangible, mucho mejor. Estos son algunos trucos de los oradores efectivos:

- Un código de comunicación con el público (por ejemplo, si los tutearás o no).
- Un espacio para preguntas.
- Ejercicios sencillos para distender y reforzar conceptos.
- Golpes de efecto para llamar la atención, sin abusar (sorteos, regalos, etc.).

## 16. No te disculpes al comenzar el discurso

Si eres de los que sienten mariposas en el estómago, les

transpiran las manos, sufren de temblores o la aceleración del ritmo cardíaco, debes saber que es completamente normal. Son manifestaciones que irán disminuyendo con el correr de las prácticas. No es necesario que te disculpes o hagas saber abiertamente lo que sientes. Solo lograrás ponerte más nervioso y que el público no te preste la suficiente atención. La clave es apoyarte en tus fortalezas, no en tus debilidades.

### 17. Sé realista en los ejemplos

Mientras te vas entrenando como orador, es recomendable que utilices ejemplos con los que te sientas cómodo. No exageres ni sobreactúes. Asimismo, si bien es bueno mantener un tono cordial, cálido y llevadero (si el tema lo permite), ten cuidado en el uso que haces del humor y las expresiones que puedan tener doble sentido y queden fuera de contexto.

### 18. Sé espontáneo (no memorices tu discurso)

En tanto sea factible y te encuentres a gusto, es preferible que te apoyes en tus dones naturales y tu espontaneidad a la hora de salir a escena como orador. La recomendación es que no intentes aprender el discurso de memoria. Es muy probable que resulte contraproducente, ya que podrías olvidarlo, o sencillamente quedarte paralizado antes de afrontar al público.

*Por cada discurso que des, siempre habrá tres: el que practicaste, el que dijiste y el que desearías haber dicho.*
—**Dale Carnegie** (empresario y escritor estadounidense)

## 19. *Sé amable con el público*

Para que tu mensaje llegue eficazmente, no es necesario imponerte frente al público. Los buenos oradores logran trasmitir la sensación de que el poder lo tiene el público. A nadie le gusta que le impongan ideas pero casi todos están gustosos de considerar nuevas ideas y puntos de vista, si el orador crea los puentes de comunicación necesarios. Algunas personas con rasgos autoritarios, o por excesiva inseguridad, tienden a confundir el aspecto de la amabilidad con el público y se enfocan en un discurso determinante. Es lo que llamamos un "discurso cerrado", que empieza y termina cuando el orador quiere, y donde no hay chances de retroalimentación formal.

## 20. *Sé agradecido con tu público (sin dar las gracias)*

Algunos oradores suelen tomar unos segundos iniciales, o finales, para agradecer al público. La verdad es que si uno está compartiendo su experiencia profesional o cualquier otro tema por el que la gente ha concurrido, es ella la que debería sentirse agradecida. Es diferente el caso cuando uno es invitado por una organización, por lo cual las reglas de cortesía indican decir "muchas gracias" al comienzo de la alocución.

## 21. Emociona

Lo que la gente quiere, además de información, es participar de una experiencia que pueda producir algún cambio positivo en ella. Es decir, que lo que tú digas y hagas pueda aplicarlo de alguna forma concreta y sea de utilidad. Como orador, ese debería ser tu objetivo central. Hay muchas formas de tocar la fibra emocional del público y es necesario que tú seas un orador experimentado para dominarlas y utilizarlas. Sin embargo, todos los seres humanos tenemos esa capacidad, como cuando nos piden decir unas palabras en un acto de despedida de una persona querida.

Para tu audiencia, tú representas una figura de respeto o de autoridad en tu materia y se espera, por lo general, que aportes información y elementos que ellos antes no tenían. Si planteas problemas, inexcusablemente el público querrá que expreses algunas posibles soluciones. Este es un error muy frecuente entre los oradores políticos o empresariales, donde se enfocan en la queja y la oposición pero no abren el juego ni tienden redes y puentes de entendimiento para plantear soluciones. Son las ideas concretas, tangibles y sencillas de decodificar las que hacen la diferencia y permiten que se las lleve a la acción.

## 22. Prepara un final inolvidable

Todo lo que dijiste antes es importante pero más importante aun es el final de tu presentación. Repasa brevemente los principales aspectos de lo que dijiste y, desde allí, construye visiones de futuro que puedan ser compartidas, si hubo interacción con el público. Asegúrate de tener preparada música y una imagen para el final, y que las luces vuelvan a sus niveles normales. Si estás detrás de un estrado, desplázate hacia el centro de la escena y simplemente mira a tu público. Si te aplauden, puedes acompañarlos con un aplauso dirigido a ellos.

## Errores frecuentes en la oratoria

Ahora que ya conoces los principios básicos para convertirte en un buen orador, te invito a revisar los errores más comunes que pueden llegar a perjudicar tu presentación:

### 1. *Hablar demasiado rápido o demasiado lento*

Con frecuencia los oradores inexpertos no tienen demasiada noción del impacto del ritmo y las cadencias al hablar. En situaciones de estrés, la mayoría de las personas suelen hablar demasiado rápido. Y, por el contrario, si no saben cómo controlar los nervios, muchas personas hacen más lento su hablar. Lo ideal es concentrarse en pocas ideas con mucho desarrollo, que en lo opuesto: muchas ideas y poco tiempo para desarrollarlas. Una clave para resolver este tema es practicar el discurso, grabarlo en video y verlo con otras personas, que puedan darnos un feedback acerca de la forma y el ritmo de la alocución.

### 2. *Hablar gritando o en voz demasiado baja*

La correcta proyección de la voz y la respiración adecuada, donde se utiliza casi la totalidad de la capacidad pulmonar y el diafragma, ayudan a mantener sanas las cuerdas vocales y a no quedarse sin aire durante la presentación. Si la tensión se apodera de ti y te hace hablar a los gritos, o casi como un susurro, serénate y corrígelo de inmediato. Tal vez tu intención no sea transmitir un tono imperativo, pero si te expresas en un volumen, tono y cadencia excesivos, el público así lo percibirá. Los micrófonos están diseñados para amplificar tu voz, por lo tanto no deberías preocuparte. Si no utilizas micrófono, asegúrate de mantener una proyección de voz uniforme que sea audible sin interferencias en todos los rincones del salón.

3. *Hablar sin conocer el tema a fondo*
El público se da cuenta inmediatamente y pierde la confianza en su presentación, si percibe que el orador no es un conocedor del tema o no lo ha preparado bien. Algunos síntomas de este error frecuente son pequeños indicios, como buscar papeles perdidos, intentar recordar un dato y leer continuamente de la pantalla del proyector. Prepárate siempre con suficiente tiempo, busca información de contexto, sintetiza los puntos principales en una breve guía (que puedes tener a mano) y enfócate en dos o tres puntos principales.

4. *Descuidar la imagen personal o usar accesorios que distraigan al público*
Por lo general, no hay segundas oportunidades para causar una primera buena impresión. Sin embargo, muchos

oradores llegan corriendo a dar sus discursos, no cuidan su aseo y su presentación, utilizan un vestuario poco adecuado para la ocasión y suelen utilizar distintivos, alhajas, corbatas muy llamativas y otros accesorios muy distractivos. Lo adecuado es una vestimenta neutra, con algún toque distintivo. En oratoria y frente al público, menos es más.

**5. *Hacer demasiados movimientos rítmicos o gestos mecánicos***

Bajo la falsa creencia de estar imponiendo ritmo a su presentación, el orador inexperto suele mostrar una catarata de tics y modismos nerviosos (algunos que ni siquiera sabía que tenía). Una forma de controlarlos es con la suficiente preparación para la presentación. Se pueden acentuar ideas con las manos o, si uno está sentado en una mesa de oradores o de pie detrás de un estrado, apoyar suavemente las manos para evitar moverlas en exceso.

**6. *Irritar al auditorio con un tono intelectual y aburrido, frases groseras, asuntos poco delicados o disculpas constantes***

Transmitir una pretendida superioridad, regañar al público o utilizar frases rayanas con el mal gusto pueden ser síntomas de la incomodidad en escena. Revisa siempre exhaustivamente toda tu presentación, ensáyala tantas veces como sea necesario y simplifica al máximo el lenguaje para asegurarte de que tu mensaje llegue eficazmente.

## 7. *Hacer uso de muletillas*

Nunca deberías llenar baches y espacios con muletillas como: "Ehhh", "esteee", "¿no?", "pero...", "¿viste?", "a ver", "¿me explico?", "tipo...", "o sea", "mmmm"; o algunas muy utilizadas en el vocabulario de muchos jóvenes: "Y... nada", "qué bajón", "na' que ver". ¿Cómo evitarlas? Preparando el discurso adecuadamente y apropiándote del tema. Es decir, haciéndolo tuyo. Y, sobre todo, manejando un ritmo sereno aunque atractivo para el público.

## 8. *Hablar demasiado de uno mismo*

Si bien se pueden introducir algunas referencias a experiencias personales, excepto que estés haciendo un relato de tu vida, no es conveniente basar un discurso en ejemplos propios. El narcisismo y el egocentrismo no son cualidades que se llevan bien con los oradores. La sugerencia es que, sin importar el rango institucional, corporativo o la experiencia en el tema, busques siempre ponerte a tono con el público y establecer una sintonía.

## 9. *Preparar la presentación sin un orden lógico, o en forma tan confusa que el auditorio no la pueda entender*

Muchas personas creen que preparar un discurso es reunir información y recitarla, y lo que no está preparado se improvisa. A menos que seas un experimentado orador, lo ideal es que siempre, y sin excepción, dediques el tiempo suficiente para preparar tu material. De lo contrario, tienes altas posibilidades de no ser comprendido. Todo discurso debe tener su estructura.

## 10. Imitar a otros

Muchos piensan que imitando rasgos de otras personas pueden armar una personalidad como orador. Esto es un error, pues este proceso de despersonalización desembocará en más miedos e inseguridades, y en un aspecto falso que se transmitirá en escena. Lo recomendable es descubrir tu propio estilo que será de acuerdo a tu personalidad. Se trata de un proceso de ensayo y error. Con la práctica, muy pronto irás descartando lo que no funciona e incorporando aquello que resulta apropiado para ti.

## 11. Ser demasiado extenso

Muchos oradores inexpertos preparan material en exceso, y luego no pueden hacerlo cuadrar dentro del tiempo previsto. Lo ideal es que te centres en unas pocas ideas esenciales y las desarrolle con claridad, en lugar de hacer discursos eternos que inevitablemente se vuelven aburridos. Además cuanto más extenso sea, más posibilidades de cometer errores habrá. ¿Cómo controlar el tiempo? Puedes tener en el estrado o mesa un reloj que solo veas tú. O un asistente puede mostrarte carteles desde el fondo del salón cuando falten diez, cinco y dos minutos para el final.

## 12. Terminar sin un buen cierre

Pocas cosas son tan faltas de impacto como no saber

que un orador terminó su discurso... cuando ya terminó. Toma todos los recaudos necesarios para que el público no tenga dudas acerca del final de tu alocución.

*13. No mirar a las personas a los ojos y mirar, en cambio, el techo, las paredes, las notas o el vacío*

Un error frecuente es evitar el contacto visual con el público y hacer demasiados movimientos oculares. Algunos prefieren mirar sus papeles o notas de apoyo o, peor aún, hacia el piso o hacia el techo. Cualquiera de estas acciones, comprobables por todos, produce un alejamiento del punto de atención que tú, como disertante, deberías lograr.

CAPÍTULO 3

# Cómo preparar un discurso

El arma principal de la oratoria es el discurso, aquello que uno razona en su mente y luego comparte con otras personas. A partir de un buen discurso, un candidato político puede conseguir o perder los votos para consagrarse triunfador; el presidente de una empresa puede ganar o perder el respeto de sus empleados; y un director técnico puede lograr que sus jugadores entren motivados a ganar un partido.

El discurso está conformado por los siguientes tres aspectos: el tema o contenido, el orador y el auditorio. Analicemos cada uno en detalle:

*1. El tema o contenido*
Elegir el contenido sobre el cual vas a hablar no debería significar un problema. El tema debe ser algo que te interese, te apasione, te emocione o te inspire. Deberías sentirte motivado para elegir un tema determinado y ese es el aspecto que vas a destacar durante tu discurso.

## 2. *El orador*

Para ser un buen orador, debes reunir todos los atributos necesarios para darle fuerza al discurso, que separaremos en mentales, físicos y vocales. *Mentales* para poder separar lo emocional de lo objetivo y exponer lo que uno sabe que pueda interesarle al auditorio. *Físicos* para darle mayor relevancia a la acentuación de determinados pasajes del discurso, mediante gestos o movimientos de las manos o el cuerpo. Y *vocales* para que, a la hora de hablar, suenes claro, seguro, determinante y conciso.

## 3. *El auditorio*

Antes de dirigirte al auditorio, debes conocer a quiénes les vas a exponer y preguntarte si el tema es el adecuado, qué enfoque darle al discurso para atraerlos y cómo mantenerlos expectantes. Un buen discurso puede ser un medio de servicio para los oyentes, pero para llegar a eso se requiere una tarea ardua y mucha responsabilidad. Hay que prepararse, pensar, trabajar y practicar. Además del contenido, la manera de hablar posee gran importancia para lograr interesar al público. Por esa razón, es conveniente conocer la estructura del discurso.

### Aprende a estructurar tu presentación

Una de las formas más efectivas de hacerlo es dividir la presentación en tres partes:

## 1. *Comienzo: la introducción o apertura*

Las primeras frases que pronuncies ante el público determinarán el éxito de tu discurso. Por lo tanto, una buena introducción debería articular estos tres elementos:

- Despertar el interés del auditorio.
- Captar la atención.
- Prepararte para superar el estrés.

Hacer algo inesperado por el público es una buena forma de introducir un discurso. Por ejemplo, contar una anécdota personal, proporcionar un ejemplo polémico, referirse a un hecho del día de fuerte impacto, hacer una pregunta retórica interesante, o utilizar una frase famosa.

Nunca hagas aperturas largas e innecesarias. Cuanto más breve, mejor. En un discurso sobre el lanzamiento de un nuevo celular, una manera negativa de empezar sería: "El asunto sobre el que se me ha pedido que hable hoy ante ustedes es el del lanzamiento local del nuevo celular de la compañía, que tuvo mucho éxito en Estados Unidos". Sería mucho más atractivo empezar diciendo: "Más de un millón de personas eligieron este celular en Estados Unidos".

## 2. *El cuerpo o desarrollo*

El desarrollo del discurso necesita dejar en claro cuál es la propuesta con relación a esa disertación, construyendo así un puente que enlace las palabras iniciales con el cuerpo del tema que se está exponiendo.

A tal fin, debes incluir hechos específicos, sin tocar demasiados aspectos, resaltando los puntos principales de forma clara y precisa. El uso de ejemplos es un recurso muy útil, al igual que la inclusión de noticias relacionadas con el tema para que los oyentes puedan comprender lo que estás diciendo. Y siempre, para poder ejemplificar, necesitas conocer el tema a fondo y contar con hechos, cifras e ilustraciones.

### 3. *El cierre o conclusión*

El cierre de la presentación tiene que ser un resumen final preciso, conciso y, dentro de lo posible, en el último punto de toda disertación eficaz, se debe persuadir para que el auditorio realice alguna acción específica (comprar un producto o servicio, votar a alguien, sumarse en el apoyo a una causa, etc.).

*No estar tenso, sino listo. No estar rígido, sino flexible.*
*No pensar, sino soñar. Estar total y serenamente alerta,*
*despierto, vital y preparado para lo que sea.*
—**Bruce Lee** (chino-americano, instructor de artes marciales y actor)

### Los nervios, ese enemigo silencioso

Uno de los aspectos más complejos de toda presentación tiene que ver con los nervios que pueden surgir al dirigirse a más de una persona (incluso un auditorio colmado con cientos o miles de personas), sabiendo que la atención está puesta en el orador y sus palabras.

La adrenalina que genera el propio organismo en el momento de enfrentar al público es más común de lo que se cree. Generalmente los nervios desaparecen cuando la presentación comienza o a medida que esta transcurre. Esto tiene que ver con el hecho de que el presentador está concentrado en la exposición y su mente está ocupada. Si bien no es algo sencillo de dominar, existen algunos recursos que puedes utilizar para contrarrestar esa tensión previa, o aun durante tu exposición.

## Doce recursos para tranquilizarse

*1. Tomar unos minutos para relajarse*
Es necesario dedicarse un tiempo para lograr una adecuada concentración y ser consciente de la propia capacidad profesional para abordar el tema a exponer, y para responder las preguntas que puedan surgir de parte del auditorio.

*2. Recopilar información sobre el público*
Como seres humanos, tendemos a exagerar las situaciones. Te ayudará saber qué es lo que la gente va a buscar al escuchar tu presentación. Puedes preguntarte cuáles son los elementos en común. ¿Se trata de un grupo de empresarios, lobistas, hombres de negocio o estudiantes? El tipo de público hace una gran diferencia acerca del discurso. También puedes conocer el nivel socioeconómico y profesional y la posición laboral. Incluso puedes ir más allá,

en caso de grupos pequeños, y saber los nombres de los presentes para familiarizarte con ellos, lo cual te servirá si en algún momento quieres dirigirte a ellos de manera personalizada.

3. *Saber que es normal sentir nervios*
La mayor parte de los oradores (por no decir todos) sienten cierto nerviosismo antes de una exposición o presentación en público, pero es imperioso convivir con eso. Es importante saber que el problema se va atenuando con el tiempo y, cada vez que hables en público, te costará un poco menos.

4. *Ser consciente de que quizás el público no se dé cuenta de los nervios del orador*
Si el tema es interesante y tus antecedentes despiertan atención, en la mayoría de los casos el auditorio no se fijará demasiado en tus reacciones corporales que denoten nerviosismo. Nadie suele notar algún pasajero temblor en la voz, la sudoración de las manos o la cara, por lo que es recomendable no dar indicios de que uno está nervioso con frases sinceras como: "Discúlpenme, pero estoy muy nervioso".

5. *Apoyarse en el público*
No evites el contacto visual, pues esto es una clara señal de evidente nerviosismo. Una buena alternativa es hacer contacto visual rápido con diferentes personas, sin la

necesidad de sostener la mirada por largos segundos. Si mirar directamente a los ojos te intimida de alguna forma, enfoca tu mirada en el punto vacío entre uno y otro asiento, así todos creerán que estás manteniendo contacto visual con alguien en particular cuando, en realidad, no es así.

### 6. *Dominar el tema*

Si dominas tu tema, estarás mucho más seguro y confiado. Es bueno practicar el discurso varias veces y, si es posible, en voz alta. Preparar o ensayar algunas frases en particular con su debida entonación resulta muy útil.

### 7. *No leer todo el discurso*

Intenta practicar lo suficiente como para no tener que estar apegado a tus papeles o a la proyección en pantalla. Aunque no está mal tener anotadas y leer frases claves que le dan un "envión" a tu narrativa.

### 8. *Tener presente que el público está interesado en el orador y sus palabras*

Convéncete de que el auditorio tiene un genuino interés en lo que le vas a presentar. Esto te ayudará a aumentar tu autoconfianza en que todo va a salir bien.

### 9. *No desesperar, si se pierde el hilo*

Baja un poco el ritmo de tu alocución. Así tendrás unos segundos para retomar las ideas y recordar lo que haga falta. De este modo, es altamente probable que nadie note tu traspié, si solo sigues adelante con naturalidad.

### 10. *Hacer pausas y respirar*

En oratoria los silencios son tan importantes como las palabras. Piensa en el valor de los silencios en la música; lo mismo sucede frente al público. Las pausas, bien utilizadas, llaman la atención, despiertan interés, recobran el enfoque de la audiencia y te permiten tomar un pequeño respiro dentro de la presentación.

### 11. *No tomar medicación para serenarse antes de dar un discurso*

Salvo indicación expresa del médico y con efectos probados, no es conveniente tomar medicación para controlar los nervios en las horas previas a enfrentar al público. Muchos ansiolíticos suelen producir cierto adormecimiento en los órganos afectados a la emisión de la voz y también un estado de somnolencia. Tampoco es conveniente beber alcohol para desinhibirse. El orador debe estar consciente todo el tiempo, y cualquier cosa que lo saque de su eje y equilibrio puede redundar en contra de su presentación.

### 12. *Utilizar la visualización creativa*

La técnica que conocemos como "visualización"' resulta sumamente efectiva para crear en nuestra mente imágenes, sonidos y sensaciones de calma, tranquilidad, éxito, fluidez y cualquier otra cualidad a obtener. El quedarte atrapado por lo negativo solo produce una reacción en cadena de acontecimientos poco favorables a la hora de salir a escena. Por eso, puedes meditar, relajarte, respirar profundamente varias veces e imaginar, con tu poder creativo interno, el estado ideal. Vete a ti mismo en escena con todo detalle y conéctate con emociones positivas.

## El dato

Está comprobado que por más que hagas cientos de presentaciones, exposiciones y discursos, nunca dejarás de sentir un cosquilleo en la panza antes de comenzar a hablar. Pues no hay nada mejor para combatir este tipo de nervios que la confianza en uno mismo. Más allá de todos los consejos que puedas incorporar, no hay mayores secretos para combatir los nervios previos a una presentación. En primer lugar, porque todas las personas somos diferentes y la situación nos afecta de manera distinta. Y por otra parte, lo que puede apaciguarle los nervios a alguien puede tener un efecto diametralmente opuesto en otro, por lo que cada uno debe tratar de combatirlos de la manera que crea más acorde para su forma de ser.

## Cómo reforzar tu discurso con ayudas visuales

Con respecto a la utilización de recursos audiovisuales, lo primero que hay que hacer es evaluar la conveniencia de echar mano de ellos. Puede ser que lo que estés necesitando sea un discurso más humano y los materiales audiovisuales distraigan al público. Pero en caso de necesitar estas ayudas visuales, lo más conveniente es analizar cuáles son los temas y los subtemas que tendrá tu presentación para luego pasar a la preparación del material de apoyo y el equipo necesario. Por ejemplo, si vas a utilizar transparencias necesitarás un proyector; o si compartirás segmentos de video, no tendrás que olvidar la calidad del audio.

Lo mismo sucede con otras herramientas tecnológicas: ¿Usarás micrófono de mano o del tipo "corbatero/solapero"?

¿Necesitarás un apuntador láser?

¿Necesitarás algún objeto sobre el escenario para ejemplificar algún argumento?

Son cosas que deben pensarse y definirse siempre antes de la presentación.

## ¡Sí!

Durante las presentaciones, se estima que un orador con un discurso totalmente verbal y sin apoyo audiovisual mantiene una retención de su contenido que resulta un 60% inferior a una con este tipo de apoyo. Por eso, al usar materiales audiovisuales, tú logras una especie de guía, una ayuda memoria visual y agradable que te ayudará a:

- Manejar mejor los tiempos de la exposición (hacerla más ágil o más lenta, según tu conveniencia).
- Tener un soporte que contribuya a la comprensión.
- Generar una mayor atención del público.

- No perder el orden del discurso planificado.
- No saltarse etapas, temas o mensajes importantes.
- Volver hacia atrás para repasar conceptos importantes.

En estas ventajas y algunas otras, radica la importancia de las ayudas audiovisuales. Pero lo importante es recordar que no son más que eso: ayudas. Y que lo importante es lo que tienes que contar. En definitiva, el discurso. Y los materiales audiovisuales deben estar supeditados a este.

## Diez consejos para una buena presentación audiovisual

1. Prepara una placa, una diapositiva o una filmina de introducción con un título grande y claro, la fecha, el nombre del expositor y tu logotipo si representas a una empresa.
2. Muestra la agenda de tu presentación, para que al auditorio le sea más fácil seguir tu discurso.
3. Las diapositivas siguientes que proyectes tienen que contar con un título en letras más grandes que el contenido.
4. No utilices mucho texto, solo unas pocas líneas, unas frases cortas y de impacto. El "grueso" del contenido debe estar en tu cabeza.
5. Los colores usados de fondo no deberían ser brillantes e incómodos a la vista, sino descansados y que permitan leer el texto claramente.

6. Las letras deben ser de un tamaño aceptable, en la medida de lo posible sencillas y de un color que pueda conjugarse con el fondo. Las imágenes deben ser acorde al tema.

7. Recuerda que la ayuda audiovisual es apenas una guía. No recurras a su lectura llana. Si utilizas videos intercalados, asegúrate de que se reproduzcan correctamente.

8. Ordena la proyección en una secuencia adecuada a tu discurso. Debe haber una transición fluida entre los temas de la exposición.

9. Intercala imágenes con palabras claves para fijar conceptos. Utiliza recursos tecnológicos de avanzada, pero sin abusar, pues pueden distraer y quitar el foco de tu exposición.

10. Incluye al final una diapositiva con las conclusiones. Puedes cerrar con una buena imagen y una frase de impacto.

*Si tengo que dirigir un discurso de dos horas, empleo diez minutos en su preparación. Si se trata de un discurso de diez minutos, entonces me lleva dos horas.*

—**Winston Churchill** (primer ministro británico, Premio Nóbel de Literatura)

## Persuadir, la clave del éxito

Un buen orador es aquel que logra persuadir a su auditorio. Los oyentes aprecian al orador entusiasta, que los hace sentir y reír; mientras que pueden castigar con su desatención a aquel que se prolongue en discusiones intelectuales largas y aburridas. Pero dar un discurso entusiasta no quiere decir gritar o dramatizar. Tú tienes que lograr que el entusiasmo proceda de tu conocimiento sobre el tema que estás exponiendo.

Si eres un especialista reconocido, debes dar esa impresión desde tu forma de hablar, por lo que es necesario un buen trabajo previo. Es posible que seas una autoridad sobre lo que estás compartiendo, pero si no preparaste bien tu discurso no tendrás los resultados esperados.

En resumen, es mejor alguien amable y agradable que pueda prepararse para especializarse en un tema determinado, que un intelectual frío y razonador, aunque sea un erudito en el tema.

## Conoce los tipos de discurso

Si bien los discursos poseen intrínsecamente algunas características comunes, también existen diferentes categorías que están definidas por varios factores, como por ejemplo el estilo narrativo, el objetivo a alcanzar o los elementos propios que los distinguen entre sí. Estos distintos tipos de discursos suponen la existencia de diferentes fórmulas o estrategias de construcción de la narrativa que variarán de uno a otro.

Si bien existen distintas clases de discursos, generalmente la elaboración de una narración, relato o presentación, se caracteriza por mezclar elementos de varios tipos diferentes. Por ejemplo, incluir algunos elementos de un discurso publicitario en el marco de un discurso expositivo es totalmente válido e incluso recomendable.

A continuación encontrarás los elementos básicos de los principales tipos de discurso, para que puedas encontrar una combinación que te resulte provechosa. Es decir, a modo de "caja de herramientas", para crear el discurso más importante: "tu" discurso.

## Discurso narrativo

El discurso narrativo es aquel que muestra o narra hechos o situaciones a través de una trama y un argumento. Es conocido por todos nosotros desde pequeños, porque es el que se utiliza en las novelas y en los cuentos. Por eso, tú lo sabes utilizar, aunque sea de una manera no completamente consciente, ya que lo pones en práctica cada vez que cuentas una anécdota a tus amigos, una historia a tu familia o un cuento infantil a un niño.

La narrativa no solo aporta una línea lógica de discurso que sigue un argumento, sino que tiene otra gran virtud: lograr que quien escucha pueda seguir el relato y quiera saber qué es lo que va a ocurrir al final. El discurso tiene la capacidad de generar expectativa en el espectador o el lector, lo que se conoce como "tensión narrativa", y puede satisfacerla de repente o poco a poco.

Las partes del discurso narrativo, que se denominan comúnmente *inicio, nudo* y *desenlace,* permiten ordenar el discurso y facilitan su preparación. Siguiendo esta estructura, serás capaz de segmentar tu discurso en tres partes bien definidas, plantearás la situación o el comienzo del relato, mostrarás luego el eje central de tu exposición y finalmente le darás una resolución o un cierre.

*Los primeros noventa segundos de una presentación son fundamentales. Tal vez, el público nunca lo había visto a usted. Todos los ojos están tomando fotografías, registran imágenes suyas. Como dijo el profesor universitario Ralph Podrian: 'El público explorará cada detalle personal que usted le ofrezca buscando indicios acerca de su carácter y su temperamento'. Recuerde cuántas veces oyó decir a un miembro del público: 'A los dos minutos supe que no sería bueno'. O a la inversa: 'Apenas comenzó, precisamente en el primer minuto, comprendí que sería sensacional'. Entonces, nunca vacile en explicar a su público que usted se siente encantado de que estén allí. Dígales apenas comienza: 'Hace mucho que esperaba este momento...'. ¿Qué significa eso? Que usted está preparado. Que confía en sí mismo. Ansía ir al asunto. Lo entusiasma la posibilidad de compartir este tema específico con ese grupo de personas. El único problema posible: ¡más vale que lo diga en serio!*

—**Ron Hoff** (especialista en presentaciones, extraído de su libro "Puedo verlo desnudo", Ed. Granica)

## Discurso publicitario

Desde hace un tiempo a esta parte, puede verse que el tipo narrativo de discurso "invade" otras áreas de la comunicación. Sin ir más lejos, la publicidad es uno de los segmentos que echa mano del discurso narrativo más frecuentemente. La razón de este fenómeno está dada en la saturación de información y comunicación, a la cual la sociedad está expuesta a diario. Esto hace que se necesiten cada vez más estímulos para captar el interés del público, y lo narrativo es un muy buen recurso para lograrlo. Con solo prender la televisión y prestar atención, uno puede ver que cada vez más spots publicitarios se desarrollan a modo de historias o relatos cortos.

El discurso publicitario tiene un objetivo bien práctico: vender un producto. A simple vista parece una tarea sencilla, sin embargo se trata de una labor que exige creatividad, observación y análisis. Hoy vivimos una saturación publicitaria, con avisos que invaden lugares antes impensados y spots que pueden verse en dispositivos personales que aparecieron recientemente, como teléfonos móviles, smartphones, netbooks y tablets. Por todo esto, el discurso publicitario debe evolucionar, mutar y reinventarse constantemente. Debe ser llamativo, para captar el interés del público, y creativo para que no siga siendo "más de lo mismo". Estas son algunas de las características del discurso publicitario que puedes incluir en tu discurso:

- Su forma de exposición fragmentada.
- La utilización de frases cortas, de golpes de información fáciles de asimilar.

- La creatividad puesta al servicio del mensaje y de la palabra. Uno puede darse el lujo de crear un nuevo término, por ejemplo combinando dos palabras ya existentes, que describa un concepto o tendencia que se desea remarcar.

Estas mismas cosas que aplican al discurso pueden ser utilizadas en los materiales de apoyo para una presentación. Por ejemplo, si se trata de un documento en Power-Point, conviene utilizar frases e imágenes que permitan captar el mensaje de un solo vistazo. Esto es para provocar al público y captar, aún más, su atención.

## Discurso expositivo

El discurso expositivo es aquel cuyo objetivo principal es informar o aclarar un hecho o una situación. Por lo tanto, debe preparase una presentación y un texto que esté alineado al objetivo, es decir un discurso con poco uso de recursos que puedan distraer al público. Esto no quiere decir que deba ser un discurso aburrido; puede ser agradable y entretenido también, a pesar de no disponer de las atracciones propias de un discurso publicitario.

Las características fundamentales del discurso expositivo son la claridad de la exposición y la concisión. Cuanto más sintético, más claro será. Esta característica no tiene nada que ver con la brevedad del discurso, sino con que las ideas presentadas estén expresadas con exactitud en el menor número de frases posible, lo cual debe incluir una introducción que aclare el tema, la explicación propiamente dicha y un final que aclare todas las ideas.

Estos son algunos recursos prácticos para enriquecer tu discurso:

- Crea imágenes en tu público.
- Habla frecuentemente usando la segunda persona del singular, lo cual produce un impacto sensacional en el auditorio.
- Utiliza diálogos interpretando varios personajes.
- Incluye alguna anécdota.
- Repite la información esencial.
- Ejemplifica en forma sencilla.
- Menciona estadísticas fácilmente decodificables.
- Haz comparaciones.
- Diseña un ejercicio sencillo de dinámica grupal que apoye tu contenido.

### Discurso argumentativo

El objetivo principal aquí es convencer de algo a alguien, para lo cual el discurso argumentativo tiene que ser pensado y elaborado con sumo cuidado. Es necesario aclarar que convencer no significa desautorizar, agredir, ofender o despreciar, sino presentar las ideas siguiendo un razonamiento lógico para que el público capte el mensaje.

Es importante que la argumentación se desarrolle suavemente, sin prepotencia ni brusquedad. La idea es ir paso a paso, explicando todo para que, al llegar al final del discurso, la gente tenga la sensación de que ha llegado a las conclusiones por sus propios medios.

Los discursos argumentativos se caracterizan por su lógica: sus argumentos y opiniones deben tener una base racional sólida y nunca una apariencia arbitraria, porque de esa manera perdería su credibilidad. Otro factor importante es la convicción. No se convence a nadie, si primero uno no está convencido. Los argumentos (y las palabras que se usen para expresarlos) deben ser convincentes.

En cuanto a la preparación del discurso argumentativo, puede elaborarse con una estructura bien definida: se introducen las ideas que se pretenden demostrar, luego se las argumenta de una manera convincente y, por último, se expresa la conclusión, que no es otra que la introducción inicial de la tesis que ahora cuenta con todo el peso del argumento a su favor.

Difícilmente encontrarás estos tipos de discurso en "estado puro". Generalmente los discursos son una mezcla de distintos tipos y, en algunos casos, no siempre es una buena mezcla. La idea es que tú puedas lograr la mejor mezcla, con lo mejor de cada estilo.

## Para recordar

La *persona gramatical* es la categoría gramatical básica, que se utiliza expresada en los pronombres personales. Esto permite que, en el proceso de comunicación, ya sea oral o escrito, se decodifique rápidamente qué papel ocupan el que habla, el que escucha y cualquier otro interviniente.

En español hay tres personas, que tienen formas específicas para el singular y para el plural. Veamos...

*Singular*
Primera persona: Yo
Segunda persona: Tú (vos en el Río de la Plata), usted
Tercera persona: Él, ella, ello

*Plural*
Primera persona: Nosotros
Segunda persona: Vosotros (ustedes en Latinoamérica)
Tercera persona: Ellos, ellas

**El éxito de tu discurso**
El éxito depende, en gran medida, del buen uso de las personas gramaticales, en especial la *segunda persona del singular*. De este modo, lograrás:

- Personalizar tu alocución.
- Impactar directamente en aquellos a quienes debes llegar directo y sin dudas.
- Generar un sentido de implicancia directa con cada idea que expongas.
- Utilizar la *segunda persona del plural* (vosotros o ustedes) para motivar o estimular al grupo e invitarlos a la acción en conjunto.
- Utilizar la *segunda persona del singular* (tú o vos) para

motivar uno a uno o, al menos, que eso se infiera de tu discurso. ¡Nunca falla!

*Cuentan que Winston Churchill fue como invitado especial a su colegio, una vez finalizada la Segunda Guerra Mundial, para dar un discurso sobre el secreto de su éxito. El auditorio estaba expectante y desbordado. Todo el mundo esperaba con suma atención su disertación. Entró en el escenario, sacó una hoja de su bolsillo y dijo: "Nunca, nunca, nunca, nunca te des por vencido". Miró al público, guardó el papel y tomó asiento. Por unos segundos el auditorio estuvo desconcertado y en silencio. Luego, irrumpió una tremenda ovación. Como pocas veces antes, Churchill transmitió el verdadero secreto del éxito: la perseverancia.*

## Presentaciones de alto impacto en seis pasos

A continuación encontrarás, de forma concisa y directa, una serie de pasos que te orientarán cuando tengas que poner tu conocimiento teórico en práctica. Son solo seis pasos generales que podrás aplicar según tu criterio y modificar de acuerdo con tu parecer.

### 1. *No vamos a perder el tiempo*

Deja en claro que tú no le harás perder el tiempo al auditorio y hazlo cuanto antes. No es necesario que comiences tu exposición con la frase: "No vine aquí a hacerles perder el tiempo", aunque tampoco la descartes.

*2. Sé quiénes son*
Hazle saber al público que tú sabes quiénes son. Háblales cuanto puedas sobre tu industria, tus negocios, utilizando ejemplos que ellos puedan tomar como propios.

*3. Todo muy bien organizado*
Demuéstrales que tu discurso está bien organizado. Una agenda de temas es un buen comienzo. También puedes contarles de qué se tratará la presentación. Recuerda mencionar el manejo de los tiempos, los intervalos y la dinámica prevista para preguntas y respuestas.

*4. Estoy capacitado*
Demuestra que estás capacitado para hablar del tema. Explícales por qué fuiste invitado. Y si ya fuiste presentado por un moderador, puedes volver a hacerlo tú mismo resaltando cuál es el cargo o la experiencia que te permite ser una voz autorizada.

*5. Tengo una idea: "fuerza"*
Deja bien en claro cuál es la idea principal de tu discurso, o cuáles son los puntos fuertes. Repítelos, si es necesario, o dilo llanamente: "Lo que quiero decirles es que..."; o "la idea principal es que...".

*6. He dicho*
Avisa claramente cuando terminó tu presentación. Un final borroso sería una despedida que no hace honor a

una excelente presentación. Y hasta podrías quedarte sin aplausos.

*Suelen hacer falta tres semanas para preparar un discurso improvisado.*

—**Mark Twain** (escritor y humorista estadounidense)

## Ejercicio: Check list del orador eficaz

Aun cuando no te definas como un orador experimentado, siempre es necesario tomarse unos minutos antes y después de cada presentación para responder algunas preguntas claves planteadas aquí como una oportunidad para revisar las habilidades y detectar posibles mejoras.

Nombre:
Fecha del discurso:
Lugar:
Marca lo que corresponda (sí | no | + ó -)

|  | SÍ | NO | +ó- |
|---|---|---|---|
| 1. *Preparé el material con suficiente antelación* | | | |
| 2. *Investigué sobre mi tema* | | | |
| 3. *Ensayé mi discurso* | | | |
| 4. *Agregué recursos de alto impacto* | | | |
| 5. *¿Cuáles? Sé específico* | | | |
| 6. *Calculé el tiempo del discurso al ensayarlo* | | | |
| 7. *Hice una síntesis / ayuda memoria* | | | |
| 8. *Diseñé el apoyo audiovisual* | | | |

9.   *Testeé el discurso con otras personas*
10.  *Incorporé anécdotas y ejemplos*
11.  *Mejoré la información, gráficos, etc.*
12.  *Dispuse de copias para el público*
13.  *Repasé el cronograma del evento*
14.  *Llegué al salón al menos una hora antes*
15.  *Compartí correctamente las instrucciones técnicas*
16.  *Revisé en detalle mi aspecto personal*
17.  *Me relajé antes de salir a escena*
18.  *Recibí al público en la sala*

*Resultados:*
Suma lo que corresponda: ........SÍ........NO........+ ó –

Este resultado me demuestra que:
........................................................................
........................................................................
La forma en que puedo mejorar es:
........................................................................
........................................................................
Mi principal cualidad como orador es:
........................................................................
........................................................................
Escribe tu frase ideal de evaluación que desearías que te dijera tu público:
........................................................................
........................................................................

CAPÍTULO 4

# Cómo hacer discursos exitosos

El impacto que producimos en el público, cada vez que tenemos la ocasión de enfrentarlo con nuestros mensajes, es determinante del éxito o el fracaso en pos de los objetivos que perseguimos. Ya sea que desees convencer, animar, motivar, esclarecer, invitar, vender o cualquiera otra intención, como orador eficaz necesitas aprender las distintas formas de expresión del lenguaje hablado. El éxito de tus presentaciones dependerá en gran parte del uso correcto del lenguaje, sus reglas gramaticales, y el cuidado de las formas para dirigirse a tu auditorio. De nada sirve ser un experto en una materia, si a la hora de transmitir lo que uno sabe no se encuentra la forma apropiada para impactar al público. Pues, la gente percibe de inmediato la falta de conocimiento y consistencia y, sobre todo, de preparación previa.

## Las quince cosas que más deseamos

A lo largo de los siglos, los estudiosos del comportamiento humano han sintetizado en quince rasgos las cosas que todos los seres humanos más deseamos. A modo de ejercicio, te invito a tomar un lápiz y marcar al lado de cada uno, aquellos que son más afines a tu personalidad, estilo de vida, sueños y metas:

1. Ser rico.
2. Ser poderoso.
3. Mejorar mi apariencia física.
4. Ser saludable.
5. Avanzar en la vida.
6. Ahorrar dinero.
7. Avanzar socialmente.
8. Tener amigos.
9. Tener reconocimiento.
10. Disfrutar paz mental y espiritual.
11. Mejorar mi educación.
12. Evitar humillaciones.
13. Lograr seguridad económica en la vejez.
14. Ser querido por los demás.
15. Tener más tiempo libre.

Por lo tanto, enfócate en que, durante tu discurso, el público reciba mensajes y contenidos que le aporten, potencialmente y de distintas formas, entre ocho y diez de estas cosas. Así, no lo dudes, ¡el éxito de tu presentación estará asegurado!

## Dinámica del orador exitoso

Aquí encontrarás una lista de habilidades que deben funcionar de manera sincronizada en el orador para garantizar su éxito:

- *Mensaje claro*
- *Preparación del discurso*
- *Lenguaje verbal*
- *Lenguaje corporal*
- *Capacidad de emocionar y tocar el corazón del público*
- *Capacidad de captar la atención del público*
- *Recursos externos*
- *Materiales de apoyo*
- *Conocimiento*
- *Ritmo*
- *Capacidad de entretener*
- *Agilidad*
- *Calidad*

## Las formas de expresión

Los seres humanos utilizamos la capacidad de hablar para transmitir ideas y conceptos, para emocionar, para captar la atención de otros, para seducir y para obtener distintos tipos de resultados.

Las siguientes formas literarias determinan algunos

recursos frecuentes de los que nos valemos, los cuales son aplicables a los oradores profesionales. Nuestro discurso se verá enriquecido si los reconocemos y los aplicamos, cada vez que sea conveniente:

## Antítesis

Proviene del griego "antithesis" (contradicción). Se trata del uso de dos palabras o frases que tienen un significado opuesto. Sirve para contrastar ideas o para marcar la diferencia entre un ejemplo y otro. Con una antítesis, es posible articular también un argumento para refutar.

Ejemplos:

- "Es tan corto el amor y tan largo el olvido" (Pablo Neruda).
- "Cuando tú vas, yo estoy de vuelta".
- "Para ganar hay que saber perder".
- "Pequeño gran hombre".
- "Para unos pocos es un sueño. Para muchos, una pesadilla".
- "O cambiamos o nos hundimos".
- "El hombre más sabio que he conocido en toda mi vida no sabía leer ni escribir" (José Saramago).
- "En aquellos años soñábamos con cambiar el mundo, ahora nos conformamos con cambiar este nuestro país, nuestra casa" (Cristina F. de Kirchner, ex Presidente de Argentina).

## Clímax

Al igual que en una obra de teatro o una película, es la articulación del discurso de manera tal que vaya creciendo en el interés del público. El clímax se obtiene combinando distintos elementos en un orden ascendente, incluso si se necesita hacer una enumeración de varios conceptos, para fortalecer la idea principal.

Ejemplos:

- "Puedo escucharlo, percibirlo, lo siento, lo veo venir...".
- "Es increíble lo que podemos lograr si nos unimos, si trabajamos codo a codo, todos los días".
- "No importa tanto lo que nos limita: enfoquémonos en lo que sí sabemos hacer. Porque sí sabemos crear, sí sabemos producir, sí sabemos abrir mercados, sí sabemos conseguir nuestros objetivos".
- "Después de esta noche estoy más convencido que nunca de que la gran riqueza de nuestro país no es el cobre, son los mineros. La gran riqueza de nuestro país no son los recursos naturales, somos los chilenos que hemos dado un ejemplo al mundo de compromiso, de fe, de esperanza incluso los días más aciagos, cuando muchos perdieron la fe y creían que esta hazaña de un rescate exitoso era solo un sueño" (Sebastián Piñera, ex Presidente de Chile, durante el rescate a los 33 mineros en octubre de 2010).

## *Metáfora*

Del griego "meta" (fuera o más allá) y "pherein" (trasladar), es una figura retórica que consiste en mostrar y expresar un concepto con un significado distinto, o bien, dentro de un contexto diferente del habitual.

Ejemplos:

- "Tus ojos son dos luceros".
- "Tus cabellos son de oro".
- "Para él, su hija es la luz de su existencia".
- "Les agradezco profundamente el que se hayan llegado hasta esta histórica Plaza de Mayo. Yo llevo en mis oídos la más maravillosa música que, para mí, es la palabra del pueblo argentino" (Juan Domingo Perón, ex Presidente de Argentina, junio de 1974).

## *Comparación*

Consiste en establecer una relación clara, explícita, entre un término real y uno alegórico o imaginario de cualidades que pueden ser análogas. Generalmente se articula por medio de frases tales como: "como", "cual", "que", o "se asemeja a".

Ejemplos:

- "El árbol es como una casa para los pájaros y el techo para el vagabundo".
- "Es manso como un cordero":
- "Es fuerte como una roca".

- "A veces, sin previo aviso, el futuro golpea a nuestra puerta con una valiosa y dolorosa visión de lo que podría ocurrir. Ciento diecinueve años atrás, un rico inventor leyó su propio obituario, erróneamente publicado años antes de su muerte. Pensando equivocadamente que el inventor acababa de morir, un diario publicó un duro examen del trabajo de su vida, titulándolo injustamente 'el mercader de la muerte' debido a su invento, la dinamita. Sacudido por esta condena, el inventor tomo la decisión de servir a la causa de la paz. Siete años después, Alfred Nobel creó este premio y otros que llevan su nombre. Mañana, hace siete años, leí mi propio obituario político en un análisis que me pareció duro y equivocado, si no prematuro. Pero ese veredicto no querido también trajo un valioso y doloroso regalo: una oportunidad para buscar formas nuevas y frescas de servir mi propósito. Inesperadamente, ello me ha traído acá. Aunque temo que mis palabras no estén a la altura de este momento, rezo para que lo que siento en mi corazón pueda serles comunicado lo suficientemente claro para que aquellos que me escuchen digan 'debemos actuar'" (Al Gore, político y militante ecologista).

## Hipérbole

Consiste en una alteración exagerada e intencional de la realidad que se quiere representar; por ejemplo, una característica, una situación, una actitud, etc., ya sea por exceso o por defecto (tapinosis). Este es un recurso que permite conseguir mayor expresividad como orador.

Ejemplos:
- "Se agrandó el tema como una bola de nieve".
- "¡Qué digo mil! ¡Millones de personas estarán de acuerdo!".
- "La competencia es más lenta que una tortuga".
- "El dictador era un hombre cuyo poder había sido tan grande que alguna vez preguntó qué horas son y le habían contestado las que usted ordene mi general..." (Gabriel García Márquez, escritor colombiano).

*Paradoja*

Es una figura retórica que consiste en la unión de dos ideas que aparentemente en un principio parecen imposibles de concordar.

Ejemplos:
- "Al avaro, las riquezas lo hacen más pobre".
- "¡Qué dulce se vuelve el mar cuando se refleja el cielo!".
- "Sueño despierto cada día... Y cada noche sueño que despierto".
- "Todos somos iguales, pero unos más iguales que otros".
- "Si quieres paz, prepárate para la guerra".
- "La no violencia es un arma incomparable, que puede ayudar a todos. Yo sé que, si bien no hemos

hecho mucho por el camino de la no violencia, si tales cambios sobrevienen, asumiré que es el resultado de nuestro trabajo durante los últimos veintidós años y que Dios nos ha ayudado a alcanzar" (Mahatma Gandhi, agosto de 1942).

## Personificación

Consiste en atribuir cualidades propias de seres animados y corpóreos a otros inanimados o abstractos, o acciones y cualidades humanas a seres que no lo son, dándoles vida propia. Es uno de los recursos del que se valen las fábulas, cuentos y chistes.

Ejemplos:
- "La lámpara se transformó en el genio".
- "El alma aúlla".
- "Una montaña le dijo al abismo: ¡Yo, desde mis majestuosas cumbres, tengo el mundo a mis pies! Contemplo los más bellos amaneceres y crepúsculos, la luz de la luna acaricia cada noche mi cuerpo y siento que puedo tocar las estrellas. Es tan grande mi presencia, que casi puedo sentir que toco al mismísimo Dios. ¿Y tú, abismo? ¿Qué rol cumples allá abajo?". "Yo te sostengo" (Autor desconocido).

## Sinestesia

Tiene lugar cuando se enlazan en un discurso sensaciones que son percibidas por órganos sensoriales distintos.

Ejemplos:
- "Tu mirada que sabe a hiel".
- "Mis manos hablan".
- "Hay miradas que lo dicen todo".
- "Por ese palpitar que tiene tu mirar, yo puedo presentir que tú debes sufrir igual que sufro yo por esta situación que nubla la razón sin permitir pensar" (Fragmento de "Por ese palpitar", canción de Sandro).

## Anáfora

Consiste en repetir una palabra, o conjunto de palabras, al comienzo y durante una frase.

Ejemplos:
- "No perdono a la muerte enamorada, no perdono a la vida desatenta, no perdono a la tierra ni a la nada" (Miguel Hernández).
- "Quién lo soñara, quien lo sintiera, quien se atreviera...".
- "Maldita sea el alma desalmada... Maldita sea España con verrugas; malditos sean los daños a terceros" (Joaquín Sabina).
- "En cierto sentido se podría decir que, letra a letra, palabra a palabra, página a página, libro a libro, he venido, sucesivamente, implantando en el hombre que fui los personajes que creé. Considero que sin ellos no sería la persona que hoy soy, sin ellos tal vez mi vida no hubiese logrado ser más que un esbozo

impreciso, una promesa como tantas otras que de promesa no consiguieron pasar, la existencia de alguien que tal vez pudiese haber sido y no llegó a ser" (Fragmento de José Saramago, escritor portugués, al aceptar el Premio Nóbel en 1998).

## Aliteración

Es la reiteración de ciertas estructuras consecutivas o ligeramente separadas.

Ejemplos:

- "Ni los niños, ni sus padres, ni sus abuelos, ni nadie".
- "Uno sabe cómo hacerlo; uno es responsable; uno es quien decide".
- "No habrá radicales ni antirradicales, ni peronistas ni antiperonistas cuando se trate de terminar con los manejos de la patria financiera, con la especulación de un grupo parasitario enriquecido a costa de la miseria de los que producen y trabajan. No habrá radicales ni antirradicales, ni peronistas ni antiperonistas cuando haya que impedir cualquier loca aventura militar que pretenda dar un nuevo golpe. Sabemos que, como argentinos, son innumerables quienes aprendieron que detrás de las palabras grandilocuentes con las que se incita a los golpes está, ahora más que nunca, la avidez de unos pocos privilegiados dispuestos a arruinar al país y grandes intereses extranjeros dispuestos a someterlo" (Raúl Alfonsín, ex Presidente de Argentina, octubre de 1983).

## Símbolos y alegorías

Utilizando símbolos podemos crear una realidad o concepto a partir de algo aleatorio, aunque universalmente conocido. Hay distintos tipos de símbolos, que cambian su significado de acuerdo a las culturas. Cuando se utilizan varios juntos, se construye una alegoría, la cual consiste en representar una idea abstracta valiéndose de características humanas, objetos o animales.

Ejemplos:

* "Una paloma blanca, la paz personificada".
* "Esta cruz que nos hace pensar en nuestro Dios".
* "Cuando el canal era un río, cuando el estanque era el mar, y navegar era jugar con el viento, era una sonrisa a tiempo, fugándose feliz, de país en país, entre la escuela y mi casa, después el tiempo pasa y te olvidas de aquel barquito de papel" (Fragmento de "Barquito de papel" de Joan Manuel Serrat).

## Cincuenta frases de oro para darle fuerza a tu discurso

Para articular un discurso potente, que convenza, motive y transmita claramente lo que se necesita lograr, es preciso diseñarlo de acuerdo a una estructura que vaya creciendo en intensidad. Para ello, deberás incluir frases que actúen como puentes entre tus ideas y conceptos. Aquí tienes 50 frases de oro para diseñar discursos memorables. Recuerda que solo son frases de apoyo y no reemplazan ni conforman, en sí mismas, la estructura de tu disertación:

1. *A esto le agregaré mi compromiso de mantener el esfuerzo en...*
2. *Abordaré fundamentalmente el tema de...*
3. *Actúen de acuerdo al dictado de sus intereses...*
4. *Afectando de manera singular a...*
5. *Básicamente con el mismo criterio...*
6. *Compartimos el mismo objetivo que ustedes...*
7. *Con urgencia se impone que...*
8. *Constituyen un reto imprescindible...*
9. *Debe representar también un reto...*
10. *Dejemos atrás las palabras y pasemos a la acción...*
11. *Dificultades en todos los frentes...*
12. *El esfuerzo vale la pena...*
13. *El panorama es inmejorable...*
14. *En lo que te enfocas es en lo que te conviertes...*
15. *Es interesante poder mirar los problemas en perspectiva...*
16. *Estamos construyendo futuro...*
17. *Estoy convencido de que juntos...*
18. *Finalmente, quisiera hacer una reflexión sobre...*
19. *Gracias al esfuerzo de ustedes se ha logrado...*
20. *Hace falta voluntad, coraje y entusiasmo...*
21. *Impulsaremos un programa ambicioso...*
22. *La antesala de un cambio sustancial...*
23. *La meta la vamos a alcanzar...*
24. *Las cosas se pueden lograr desde...*
25. *Lograr la máxima satisfacción posible...*
26. *Mantenemos viva la esperanza de...*
27. *Nada ni nadie nos hará perder de vista...*

28. *Necesitamos tomar las riendas de...*
29. *No estar a la altura de las circunstancias...*
30. *Nuestro principal reto es...*
31. *Otra de las cuestiones fundamentales...*
32. *Para que juntos podamos lograrlo...*
33. *Podemos revertir los resultados...*
34. *Quiero agradecer a todos ustedes por...*
35. *Realizar un análisis exhaustivo sobre...*
36. *Resulta evidente que...*
37. *Se ha diseñado un paquete de medidas...*
38. *Seguiremos poniendo en marcha medidas y planteando nuevos retos...*
39. *Siempre teniendo en cuenta que...*
40. *Solamente con palabras no cambiaremos las cosas...*
41. *Son pilares fundamentales para...*
42. *Supone un paso substancial en...*
43. *Tantas veces como sea necesario...*
44. *Tenemos en nuestras manos...*
45. *Todo ello trajo como consecuencia...*
46. *Una política fundamental en este campo...*
47. *Uno de sus máximos objetivos...*
48. *Valoramos muy positivamente que...*
49. *Y espero que la historia pueda juzgarnos por haber...*
50. *Yo simplemente los invito a que...*

# CAPÍTULO 5

# Cómo darle brillo a tu presentación

## Claves para hacer exposiciones con diseños de alto impacto

Actualmente existen muchos programas informáticos dedicados al diseño de presentaciones para apoyar nuestros discursos y oratoria. Uno de los más extendidos, por la multiplicidad de recursos que ofrece y su fácil manejo, es el PowerPoint, marca registrada de Microsoft. Este ha sido creado para desarrollar distintos tipos de presentaciones gráficas, incluyendo tipografías, sonidos, animaciones, videos incrustados, colores y otros recursos. Su objetivo es facilitar tu exposición como orador y se puede aplicar en todos los campos donde necesites mejorar la puesta en escena de tu presentación.

Cuando uno aprende a utilizarlo correctamente, puede obtener con este y otros programas un alto impacto; sin embargo, el desconocimiento de la articulación del discurso entre lo que se va a decir y proyectar puede hacer que uno caiga en errores que más tarde lamentará.

Para ayudarte a armar tus apoyos visuales con alto impacto y efectividad, desarrollaremos a continuación algunas claves como guía:

*1. El soporte audiovisual es un apoyo, no es tu discurso*
Cualquier herramienta de diseño solamente busca apoyar tus conceptos y contenidos. No los reemplaza ni tiene como objetivo dejarte a ti en un segundo plano. Porque por más atractivas y llamativas que sean estas diapositivas o placas que se proyectan, nada reemplaza el efecto de emoción, entusiasmo y participación que despierta el orador en vivo.

Muchos oradores utilizan "fuegos artificiales", como los denominamos los profesionales, para tratar de reemplazar o compensar un contenido débil y poco atractivo. Sin embargo, el público lo sabe y no se deja engañar fácilmente. Por lo tanto, utiliza las ayudas visuales alineadas con la calidad de tu discurso. Construye un mensaje desde las proyecciones como apoyo a tu discurso, utiliza frases cortas y de impacto para fijar conceptos, y mantén un estilo de diseño apropiado a la ocasión.

*2. No leas de la pantalla*
Este es otro de los problemas frecuentes de los oradores. Cuando tú lees de la pantalla, te estás perdiendo la oportunidad de explayarte con mayor soltura y conectarte

mejor con tu público. Por otro lado, no necesitas hacerlo porque ellos ya lo están leyendo. El efecto que lograrás es el aburrimiento, en el mejor de los casos. Por eso, ten presente, una vez más, que fueron a verte a ti, y no a tu bonita presentación en pantalla.

*3. Cuanto más sencillo el diseño, mejor*
Los gráficos sencillos en diapositivas, con la información justa y fácil de comprender, son los más eficaces. En este sentido, no apliques grandes cantidades de texto en cada diapositiva. Por ejemplo, establece tu propio patrón de diseño y replícalo a lo largo de la presentación. Una medida estándar sería no más de cinco a ocho líneas de texto por cada diapositiva. Esto te permitirá usar una tipografía grande, que facilite la lectura.

Puedes colocar discretamente tu nombre o el de tu empresa, como pie de cada una, apoyando tu conocimiento institucional. Otra clave es no saturar de información, sobre todo teniendo en cuenta que será un apoyo a lo que dirás en escena. Por lo tanto, el programa de diseño es tu complemento, y no al revés. De esta forma, se recomienda no incluir textos tal cual como se dirán en vivo; usa síntesis de conceptos para apoyar tus ideas.

*4. Si usas cifras o datos, coloca solo lo imprescindible*
Un error frecuente de los oradores inexpertos es incluir muchas cifras y datos en las proyecciones. Excepto que se trate de una reunión específica donde debas compartir

esas gráficas, la recomendación es que solo incluyas los datos imprescindibles. Colócate en situación del auditorio: entre lo que tú comentarás verbalmente y lo que proyectas, gran parte de esa información pasará desapercibida. Nadie tiene tiempo para leer y decodificar semejante estructura de mensajes complejos. Recuerda que puedes distribuir notas, informes, apuntes y resúmenes en papel y formatos digitales como complemento de tu exposición.

**5.** *No repitas información*
En la pantalla colocarás cierta información clave, y puedes acompañarla con detalles en tu alocución en vivo. Por eso, no repitas datos más allá de lo necesario. Tampoco es conveniente realizar más comentarios, si estos ya aparecen exhibidos en pantalla.

**6.** *Realiza un chequeo técnico previo*
Es fundamental que consultes con los encargados técnicos del salón y chequees previamente la proyección, incluyendo un rápido repaso por todo lo que se va a proyectar. Ten en cuenta que si incrustas (agregas) videos en tu programa de presentaciones, en ciertas ocasiones no se reproducirán correctamente si falla la debida configuración. Por lo tanto, asegúrate de que estén bien cargados, convenientemente identificados, y de que el sistema de sonido esté conectado a la computadora; de lo contrario, proyectarás videos sin sonido.

## 7. *Dale respiros al público*

La idea no es abrumarlos con tu presentación en vivo y, además, con lo que proyectes. Debe ser una experiencia completa, donde se conecte e integre la información a presentar. Por eso, para distender al público, es conveniente que intercales diapositivas en blanco o con poco texto, frases cortas, fotografías (recuerda obtener los respectivos derechos para su uso o tomarlas de bancos de imágenes de libre acceso).

## 8. *Usa diseños atractivos, pero sin exagerar*

Si no estás familiarizado con el diseño de presentaciones audiovisuales, es recomendable que contrates a diseñadores y realizadores especializados. Podrán ayudarte y guiarte en el armado de un material de alto impacto. Recuerda que siempre conviene utilizar diseños atractivos, pero sin exagerar ni distraer. En este sentido, el uso de colores, tipografías, contrastes e ilustraciones resulta fundamental.

Toda presentación debe estar enriquecida por los recursos disponibles, pero caer en excesos puede volverse en tu contra. Sin embargo, siéntete libre de probar y experimentar. Aquí van algunos ejemplos:

- Puedes incluir guiños conceptuales con el público de la sala; por ejemplo, mostrar una foto que todos conocen.
- Pide a un asistente que tome fotos generales de tu audiencia antes de ingresar a la sala y colócalas

rápidamente dentro de tu presentación para impactarlos en un momento determinado.

- Toma algunas frases que hayas recogido durante el primer tramo de tu disertación y refléjalas tipeadas en alguna diapositiva de la segunda parte.

- Utiliza librerías musicales, que incluso vienen en los propios programas, para sumar moderadamente algunos efectos sonoros.

- Aprovecha los efectos de transición visuales que vienen preprogramados, como los fundidos, los cambios de una pantalla a otra, la metamorfosis de un rostro en otro; etc.

*9. Prepara materiales escritos y entrégalos ordenadamente*
Como hemos visto, el público necesita estímulos para concentrarse y seguirte con atención. Por lo tanto, debes prever todas las formas a tu alcance para evitar la dispersión. Entrega los materiales escritos en una secuencia lógica que acompañe tu exposición, por ejemplo, si estás dictando una capacitación. En el caso de una conferencia de prensa, una información ampliada podrá ser entregada a la salida de los periodistas. Aunque si necesitas poner un contexto y marco de conocimiento antes de tu oratoria, podrías dar primero una síntesis al ingreso y ampliarla a la salida.

Otro aspecto importante: dale instrucciones precisas al público sobre el material con que contarán. De esta forma, evitarás que se pasen toda tu disertación tomando notas, cuando les entregarás gran parte del material al finalizar.

## 10. *Las presentaciones son dinámicas, cámbialas*

Si bien puedes tener algunas presentaciones prediseñadas, recuerda que cada auditorio es diferente. Por ello, es imperioso que cambies tus proyecciones y las adaptes cada vez que sea necesario. Como orador eficaz, los privilegiados son los asistentes; razón por la cual, tu mirada y el objeto de tu discurso cobra sentido, si están atentos y siguen tu alocución. Los programas informáticos permiten agregar, quitar y ajustar los contenidos muy rápidamente.

## 11. *Dile no a las faltas de ortografía y gramaticales*

Es fundamental que como orador cuides todos los detalles. Aquí se incluye la correcta ortografía y gramática en el material que proyectes, como así también en lo que entregues por escrito. Es inaceptable tener errores de este tipo, o los muy frecuentes problemas de tipeo. Para ello, es necesario preparar el material con antelación.

## 12. *Utiliza el puntero láser*

Una buena forma de resaltar algunos conceptos es disponer de un puntero láser. Algunos sistemas de proyección permiten, cual control remoto, unificar en un solo aparato el pasador de diapositivas y el puntero. La proyección del haz de láser permite remarcar a distancia cualquier concepto que aparezca en pantalla.

*13. Despliega información paso a paso*
Otro error frecuente del orador principiante es desplegar los contenidos en su totalidad en la pantalla. Con esto solo se logrará distraer al público. Es conveniente que programes las diapositivas y placas una a una, para ir mostrando cada concepto a medida que lo vas abordando.

*14.* Crea un estilo visual *(look & feel) acorde a la imagen de tu contenido*
Si representas a tu empresa, lo conveniente es que utilices como base el manual de identidad corporativa, para alinear el diseño a proyectar con colores, logotipos y tipografías congruentes. En caso de trabajar en forma independiente, y tener identidad desarrollada para tu papelería comercial, replica este procedimiento. En todo momento debes transmitir coherencia en el mensaje.

*15. Coloca el proyector donde no lo puedas obstruir*
Un detalle importante es que coloques el cañón proyector en un lugar lo suficientemente alto para que, si debes desplazarte por delante de la pantalla, no obstruyas la proyección. El juego de "sombras chinescas" que se produce al pasar por delante del haz de proyección, desluce mucho la presentación. Lo ideal es colocar el proyector al nivel del techo, asegurándose de que no produzca distorsiones por los cambios de ángulos de proyección. Los técnicos son especialistas en corregir estas situaciones.

*La comunicación nunca es fácil, ni aun entre personas que tienen muchos méritos o valores y experiencias comunes. Las parejas que han vivido juntas durante treinta años, todavía tienen malentendidos todos los días. Entonces, no es sorprendente que haya poca comunicación entre personas que aún no se conocen bien. Independientemente de lo que digas, debes esperar que la otra parte, casi siempre, escuche algo diferente.*

**—William Ury** (especialista en negociación y comunicación familiar)

## Formatos de auditorios

Dependiendo del tipo de salón, temática, público y muchos otros factores, deberás definir de antemano cuál es el formato en que el auditorio estará armado. También influyen los horarios, los tamaños de los salones, la iluminación natural y artificial, las salidas de emergencia y, sobre todo, el objetivo de la capacitación. Por ejemplo, necesitas considerar si habrá escenario, dónde estará la pantalla, si el público tomará notas, si se servirá un café mientras se desarrolla el curso (para lo cual deberás estar predispuesto a soportar ruidos y distracciones en el salón), etc.

A grandes rasgos, aquí va un detalle de formatos de armado de salones:

### Auditorio o teatro

Las sillas para los participantes se ubican en dos módulos, con pasillos laterales y un pasillo central. Esto es ideal para las conferencias o para acontecimientos en los que tú, como orador, quieras mantener mejor contacto con el público. El escenario o tarima se colocará en una de las paredes (no es recomendable con ventanas de fondo), y luego se distribuirán cómodamente las hileras de sillas mirando hacia ese punto central donde tú estarás haciendo tu oratoria.

## Aula o escuela

Al igual que en el colegio, se trata de colocar mesas para tomar notas, como los conocidos bancos escolares. El formato de sillas es el mismo que en el formato de auditorio, aunque, por el espacio que ocupan las mesas, se reducirá la cantidad de sillas respecto de aquel. Se utiliza para capacitaciones, cursos, workshops y cualquier situación donde el eje sea la educación.

## Mesas redondas

En muchas ocasiones se utiliza el armado de mesas circulares para seminarios, charlas, capacitaciones y, por supuesto, para todo tipo de eventos sociales y corporativos. Las mesas circulares facilitan el diálogo entre personas desconocidas. Sin embargo, debe estudiarse cuidadosamente su ubicación, ya que al menos tres o cuatro participantes quedarán de espaldas al orador si se ubican ocupando toda la mesa. Esta forma también se usa para cenas donde alguien deba dar un breve discurso o hacer un brindis. Actualmente también se aplican estilos más descontracturados, donde se mezcla lo formal con livings, espacios con sofás y otros módulos para sentarse.

## Imperial

Es una mesa por lo general ovalada, de grandes dimensiones, donde se coloca una persona de alto rango en cada cabecera (por lo general, los anfitriones o lo que indique el protocolo). Es un armado que se usa para reuniones de negocios, de directorio, y para comidas con cantidades reducidas de participantes.

## Estrado

Se trata de un módulo de apoyo ubicado estratégicamente donde el público pueda ver al orador. Puede ser de madera u otro material y, desde allí, se dirige la alocución. En caso de jornadas extensas, y cuando hay un presentador, este puede ubicarse en otro lateral, en off (fuera de la vista del público) o en escena, si tiene un rol preponderante como moderador. Los estrados tienen una superficie de apoyo levemente inclinada, para apoyar papeles, espacio para agua, micrófono y algunos estantes para colocar otros dispositivos, como una computadora.

## Mesas en U

Siguiendo la forma de la letra U, este armado utiliza solamente la parte exterior de las mesas. Es utilizado, por lo general, para una conferencia o presentación con una moderada cantidad de participantes, y cuando se debe asegurar que todos puedan ver una proyección o al orador, que estará al frente. También para servir comidas formales donde es necesario que los participantes tengan contacto visual entre sí. Casi siempre, las máximas autoridades se ubican en la parte central de este armado.

## Mesas en peine

Utilizadas en banquetes, se dispone una mesa central larga, con tres perpendiculares, formando una letra E. Por la disposición de los invitados (muchos de los cuales quedan de espaldas) es una estructura poco integradora.

## Formato de cocktail

Dentro del salón se deja un espacio vacío considerable para permitir que el público se mueva libremente. En laterales, hay mesas de apoyo para copas, platos y otros elementos. Es posible que, si hay un orador, sea necesario un gran esfuerzo para llamar la atención del público. Aquí van algunos trucos para lograrlo:

- Bajar la intensidad de las luces. Al notar el cambio, los asistentes tomarán conciencia de una instancia diferente en la presentación, y es posible que se vean estimulados a prestar atención.
- Subir el volumen de una música de presentación, bajar las luces, e iluminar fuertemente el sector de tarima o escenario. El público rápidamente decodificará que algo nuevo estará sucediendo.

- Bajar mucho más las luces y proyectar un video impactante, con un volumen alto que no aturda. Esto hará que la gente preste atención al video y luego pueda predisponerse mejor a escuchar el discurso.
- En cualquier caso, suspender el bandejeo de alimentos y bebidas desde los diez minutos previos a la presentación central y al discurso, para evitar más distracciones en la sala.

## Mesa cuadrada

Es un formato con cuatro lados y un espacio libre cuadrado central, que puede ornamentarse con un arreglo de plantas o flores. Esta mesa permite que todos los presentes tengan contacto visual y pueda lograrse cierto ámbito de intimidad e integración. La cantidad de personas es limitada. El orador puede ubicarse en uno de los puestos centrales de los lados, por lo general del opuesto a la puerta de acceso al salón, desde donde podrá dirigirse al grupo.

> *No basta con decir una cosa correcta en el lugar correcto. Es mejor todavía no decir algo incorrecto en un momento tentador.*
> —**Benjamín Franklin** (político, científico e inventor estadounidense)

## Cómo iluminar el escenario

El tratamiento de la iluminación del salón donde estarás ofreciendo tu oratoria reviste tanta importancia como el armado del salón y tu presentación. Un espacio lúgubre, con poca luz, lámparas quemadas, artefactos mal ubicados, la tarima fuera de cuadro respecto de la puesta de luces y otros aspectos de descuido irán en contra de tu éxito. Por lo tanto, se recomienda que conozcas el salón con anterioridad y realices todos los ajustes necesarios. Muchas veces, los organizadores buscan salones de bajo costo, aunque no toman conciencia del impacto negativo que esto tendrá. Al igual que tu presencia y aspecto personal, la iluminación debe acompañar tu presentación. Si estás en un pequeño auditorio, es conveniente que la luz se mantenga pareja en la sala y más fuerte en el sector del escenario o tarima, con luces del tipo "cenitales" (desde arriba y perpendiculares al espacio de oratoria).

Otro detalle fundamental es que la luz no impacte directamente en la pantalla de proyección. Si bien hoy existen cañones de alta luminancia para proyectar incluso al aire libre y de día con aceptables resultados, lo más frecuente es que deba cuidarse que las luces no opaquen aquello que utilices como soporte audiovisual.

Si estás dictando una capacitación y el público debe tomar notas, toma los recaudos necesarios para controlar y probar las luces con anterioridad. Es fundamental estar seguro de que la sala quedará en un nivel aceptable para que todos puedan ver correctamente. La falta de luz así como el exceso siempre juegan en contra. Mucha luz acentuará cualquier defecto de piel, ropa, etc. Mientras que la ausencia de buena luz traerá consigo el hecho de que el grupo no se sienta a gusto y tú deberás, como orador, hacer un gran esfuerzo por mantenerlos atentos y entusiasmados.

En caso de que el salón cuente con ventanales y luz natural, debes cuidar que estos no distraigan a los participantes. Lo más conveniente es cerrar las cortinas y trabajar con luz artificial durante tu discurso o alocución bajo techo.

Si tu oratoria es al aire libre y de día, asegúrate de que la ubicación del escenario sea apta para permitir que te vean desde todos los ángulos, y que el sol no dé directamente en tu rostro. La intención siempre es que puedas sentirte cómodo y mirar, aunque sea a la distancia, los rostros de los presentes.

Si está al aire libre y es de noche, no olvides repasar el sistema de luces previsto para asegurar excelente iluminación durante tu discurso. Incluso, si debes leer, puedes pedir que coloquen una pequeña lámpara para darle luz a tus notas, sin que el público lo perciba.

Si lees desde una pantalla o un teleprompter también tienes que tomar en cuenta que la luz no refleje en el aparato, lo cual dificultaría tu visión.

Otro aspecto relacionado con la iluminación es el uso de anteojos. Si los utilizas para leer o en forma permanente, es conveniente que recurras a los fotocromáticos, de modo tal que la luz no impacte directamente en tu vista.

El uso de reflectores con luces de colores puede servir

para ambientar el escenario, aunque no son recomendables como luz permanente para el tiempo de tu discurso.

## Utilizando elementos de apoyo

### Sonido

La amplificación del sonido es de fundamental importancia dentro de los rubros técnicos para cualquier presentación. Consulta con los especialistas sobre qué tipo de equipamiento tendrás disponible. Una vez más, recuerda probar con antelación los micrófonos que utilizarás. Prevee sistemas de repuesto, por si algo falla. Asimismo, si hay auditorios numerosos, necesitarás ayuda para acercar micrófonos a las personas que quieran hacer preguntas. También puedes disponer de un sistema de retorno cerca de tu espacio escénico, para tomar conciencia y registro de cómo estás proyectando tu voz. Ten en cuenta no producir acoples molestos si te desplazas por el salón.

### Rotafolios y pizarras

Los elementos de escritura en el escenario conforman un capítulo en sí mismos, ya que, además de la proyección de información, pueden ser útiles para complementar lo que necesites dejar asentado. Los rotafolios (también conocidos como papelógrafos) se componen de un atril, un block de papel en hojas de gran formato y marcadores de distintos colores para hacer anotaciones.

Las pizarras son conocidas por todos. En ambos

sistemas, la ventaja es poder hacer anotaciones rápidas sobre cosas que no están incluidas en la proyección, reforzar conclusiones elaboradas grupalmente y hasta dar alguna instrucción especial.

El punto débil es el tiempo que toma escribir. Y otro aspecto relevante: ten cuidado de no hacerlo en silencio, ni completamente de espaldas al público. Recuerda que necesitas mantener todo el tiempo la empatía y la conexión con los presentes. Dedica tiempo para borrar los contenidos escritos al finalizar el curso, o si no volverás a utilizar dicha información en esa jornada.

En el caso del rotafolio, podrás mantener las notas y recurrir a ellas cada vez que lo necesites. También existen las pizarras digitales, que son grandes pantallas táctiles con múltiples aplicaciones. Si bien su renta es algo costosa, son de alto impacto, ya que permiten incluso insertarles videos, animaciones y otros recursos, como una pantalla digital de última generación.

## Videos

El uso de videos es sumamente atractivo para enriquecer el contenido. Solo debes tener en cuenta que su duración no opaque ni eclipse tu presentación, y que el contenido sea totalmente congruente con la exposición. Internet es una inagotable fuente de recursos de video para tus presentaciones. Sin embargo, muchas veces necesitarás cerciorarte de los derechos de uso del material. Recuerda incluir siempre las fuentes del mismo.

Proyecciones extensas, como una película completa o un documental, pueden insertarse si la duración del curso así lo permite. Sin embargo, lo mejor es utilizar segmentos breves que sirvan como ilustración, pero que no reemplacen tu espacio como orador. Asegúrate de que los videos funcionen correctamente. Ten en mente que no es lo mismo visualizarlos en tu computadora, que en pantalla gigante y con audio amplificado.

*Cuando la idea ha sido transmitida, poco importan las palabras que le han servido de escolta.*

**—De "Zhuangzi"** (una de las obras principales del pensamiento chino)

## Diez claves para moverse en el salón como pez en el agua

1. El salón es tu territorio, por lo cual cuando ganes confianza, podrás utilizarlo en su totalidad para desplazarte y mantener al público entusiasmado y dinámico.
2. Busca momentos de cercanía con el público. Esto contribuirá a fortalecer tu autoconfianza y a despertar mayor "rapport" (buena sintonía) con los asistentes.
3. Acércate con confianza a una persona que, en tu percepción, esté extendiéndose demasiado en lo que comparte o comenta. De esta forma, sutil, la irás persuadiendo de que es hora de terminar.

4. Si invitas a alguien a realizar un ejercicio contigo, debes explicarle claramente cómo será la experiencia. La intención no es intimidar, sino comunicar y conectar con el público.

5. En caso de necesitar tener algún tipo de contacto físico con la otra persona (por ejemplo, dándole una palmada o un abrazo, para ejemplificar algo), es preciso tener su previa autorización. Claves:

- Elige a personas que estén siguiendo atentamente tu presentación.
- Busca a aquella en la que percibes mayor empatía, que asiente y te acompaña desde el auditorio.
- Llámala por su nombre.
- Invítala a subir al escenario y solicita un cálido aplauso de bienvenida. Aplaude tú también, recordando que, si tiene micrófono, vale más el gesto que el aplauso en serio, para no generar ruidos molestos amplificados.
- Si vas a tocar a la persona, dentro de las normas del absoluto respeto, consúltale directamente.
- Pide un aplauso final de agradecimiento.
- Acompaña a la persona hasta que baje del escenario o tarima y se encamine hacia su asiento.

- Varía de persona cada vez que necesites ejemplificar algo.
- Intercala invitados de ambos sexos para hacer los ejercicios contigo.

6. Baja al nivel del público. Cuando debas responder algo específico, que puede ser íntimo o profundo, no dudes en acercarte y hasta agacharte para quedar con una mirada directa hacia esa persona.

7. Experimenta soltura corporal al moverte entre el público. No hay nada más contraproducente que manifestar nervios y moverse como si uno fuese un robot. Cuanto más espontáneo, mejor.

8. Retroaliméntate de lo que dice el público. Puedes adherir graciosamente a un chiste o una acotación jocosa y, desde allí, seguir con tu tema. La intención es generar un ambiente distendido y de alto impacto.

9. Rompe las formas, sin pasarte de la raya. Ingresa al salón por el lugar menos pensado por el público. Entra hablando desde afuera, cuando aún no estés a la vista. Acompaña con miradas mientras caminas por el salón. Busca y crea la complicidad de la audiencia.

10. Haz pausas y tómate un descanso en los recesos. Son espacios de reconexión contigo mismo, mientras el público se distiende. Aprovecha para

preparar lo que sigue, bajar tu ansiedad o tus nervios y para ordenar cualquier necesidad operativa en el salón.

## ¡Sí!
## Veinticinco consejos para emocionar al público

1. Usa música inspiradora y apropiada.
2. Recibe a tu público en la puerta, a medida que vaya ingresando.
3. Cuenta alguna anécdota que conecte profundamente con los asistentes.
4. Prepara varias lecturas, como si fueses un "cuenta cuentos" profesional.
5. Siéntate entre el público, cuando puedas. Por ejemplo, si un grupo pasó al frente a hacer una presentación de lo aprendido, y desde allí interactúa.
6. Crea climas con los sonidos.
7. Aplica aromas para purificar el aire.
8. Imagina una columna de luz blanca en el centro del salón, como apoyo a la energía espiritual que puedas invocar para que te asista a ti y a los presentes.
9. Llama a las personas por su nombre.
10. Recuerda los nombres de las personas con las que interactúas.

11. Impulsa el intercambio de ideas en los recesos del público.

12. Motívalos desde el principio hasta el final.

13. Mantén en todo momento una visión positiva y constructiva.

14. Ábrete a compartir.

15. Observa lo que recibes del público (el mejor feedback para calificar tu desempeño).

16. Ancla información en forma clara, concisa y práctica.

17. Prepárate para el aplauso por el buen trabajo que has realizado.

18. Alienta a los participantes en toda ocasión. No escatimes palabras de apoyo.

19. Estimula la creatividad del grupo. Escucha atentamente y sugiere ideas superadoras, que los hagan "salir de la caja" de lo conocido y frecuente.

20. Sé suave contigo mismo y con los participantes. No hace falta agredir ni mantener una posición dominante todo el tiempo.

21. Detecta puntos de inflexión en tu discurso. Baja el tono. Relaja al público. Respira profundo frecuentemente y retoma con fuerza e ímpetu.

22. Maneja distintos tonos de voz para crear climas y reforzar conceptos.

23. Lleva un archivo personal de textos inspiradores y complementos de información. Nunca sabes cuándo necesitarás usarlos.

24. Asegúrate de que funcionen correctamente los equipos técnicos, el aire acondicionado, la calefacción, la ventilación, el servicio del salón, los asistentes y todos los detalles operativos. Esto hace una diferencia sustancial y te permite tener mayor calma y enfoque.

25. Utiliza frases de impacto y conceptos universales para afianzar tu discurso. Toca el corazón de cada persona. Transforma tu discurso en una experiencia motivadora e inolvidable.

## ¡No!
## Veinticinco formas seguras de aburrir al público

1. Habla en forma monocorde.
2. No utilices materiales de apoyo.
3. Luce descuidado y poco profesional.
4. Haz una presentación extensa y sin sentido.
5. Abruma a los presentes con cifras y datos que podrían obviarse.
6. Llega tarde.
7. No controles los sistemas, ni el salón, ni los detalles.
8. No te presentes correctamente.
9. Ten expresiones duras, sarcásticas e irónicas con el público, o dentro de tu discurso.
10. Enfócate en criticar y no en construir.

11. Plantea ideas pero no digas cómo las llevarás a cabo.
12. Créete superior a los demás.
13. No te abras a recibir feedback.
14. Interrumpe a la gente cuando oigas cosas que no te gusten.
15. Escapa a las preguntas.
16. Muéstrate nervioso e inseguro.
17. Tartamudea, transpira y no escondas tics nerviosos.
18. Mantén un ritmo excesivamente lento y pausado.
19. No diseñes una presentación audiovisual profesional.
20. Comete faltas de ortografía.
21. No entregues material complementario con conceptos interesantes.
22. Pásate de listo.
23. Extiéndete con respecto a los horarios previstos.
24. Quédate mudo e inmovilizado por el miedo.
25. Luce desganado y con poca energía.

# CAPÍTULO 6

# Cómo manejar la participación del público

## Claves para argumentar

La mejor forma para argumentar bien y expresar claramente tus puntos de vista, por divergentes que sean con el resto, es prepararte bien. Pablo Picasso decía que la inspiración efectivamente existe, pero tiene que encontrarte trabajando. Solo así se desarrollará la habilidad como orador para ser capaz de argumentar. La clave de la argumentación eficaz está en una sola palabra: "porque". Lo primero a considerar es que se debe tener un profundo conocimiento del asunto. Por otro lado, saber que la argumentación tiene como característica la existencia clara y omnipresente de un interlocutor que, en algunos casos, podrían ser personas de las que quisiéramos obtener aprobación o consenso sobre algunos temas. En otros casos ese interlocutor es imaginario, como por ejemplo cuando te preparas para una tesis.

Argumentar es un procero netamente racional, aunque no es desdeñable la posibilidad de incorporar un condimento emotivo, si el caso lo permite. La argumentación es una actividad intelectual de elaboración de mensajes y alternativas, basada en un razonamiento con un fin consciente y con claras intenciones, es decir, lo que tú deseas lograr. Por lo tanto, el uso del lenguaje, escrito o verbal, sumado a lo corporal, son algunos elementos importantes del proceso argumentativo. El objetivo general es persuadir. Dependiendo de los campos y de cada tipo de debate como marco a la argumentación, deberás establecer el procedimiento apropiado. Por ejemplo, la argumentación en televisión entre varios candidatos políticos a punto de una elección tiene una tensión diferente de la preparación íntima y solitaria de la exposición de una tesis sobre un tema del que uno es experto.

La argumentación no necesita una exposición exhaustiva del tema, sino mantener un marco informativo claro para estimular la discusión y el debate, con el fin último de persuadir al público.

Si no existe, como mínimo, un punto de divergencia entre el orador y las demás personas, tampoco hay posibilidad ni necesidad de argumentar. Por lo cual, es preciso especificar algunos elementos que, en sí mismos, conforman la argumentación (ya sea verbal o escrita) que te tendrá a ti como vocero. Deberían estar incluidos estos elementos:

a. Un tema para debatir.

b. Un protagonista que propone un inicio argumentativo y quiere persuadir al "antagonista" del caso.

c. Un razonamiento para poder persuadir, compuesto de al menos una opinión y uno o varios argumentos que la sustenten.

d. Una fase de intercambio y puesta en común, en lo posible, de las opiniones divergentes.

e. Una conclusión, a la que se llegará, si todo sale bien.

Una clave para argumentar con eficacia es concentrarse en el objetivo final sin perderlo de vista. Muchos oradores faltos de experiencia suelen cometer el error de decir una y otra vez lo mismo, tal vez con palabras diferentes, pero el contenido es idéntico. Por lo tanto, si te extiendes en tu discurso argumentativo tienes más chances de cometer errores y de cansar al oyente.

En una argumentación sobre cualquier tema, se establece un debate sobre unas reglas medianamente racionales, por lo cual se buscará que el resultado final sea lo más parecido a lo que tú has planteado o definido como "resultado exitoso" de este proceso. Si bien, parte de la dinámica es esforzarse para que la persona nos comprenda y adhiera con nuestra posición, debes saber que el otro no está obligado a que así sea. Es más, puede enriquecerse el debate a partir de las diferencias. ¡Esa es la clave de su funcionamiento!

Ahora bien, es importante prestar atención a lo que dicen ambas partes y, ante la menor duda, expresar claramente cualquier desacuerdo, incluso cuando el otro reinterprete conceptos que tú has dicho. Sencillamente puedes expresar: "Yo no dije eso" y frenar cualquier otro intento de malinterpretación o desvío intencional argumental. En cualquier caso, independientemente de los matices, si ambas partes están de acuerdo en llegar a una conclusión, aunque divergente en parte, es necesario utilizar una actitud de escucha abierta y receptiva. Una actitud inflexible que "no deja pasar una" al adversario no suele ser lo más apropiado. Es frecuente observar a dirigentes de distintos ámbitos con una gran imposibilidad de dialogar y abrirse a escuchar argumentos divergentes a los pensamientos que ellos tienen. El resultado suele ser un incremento de la tensión, agresividad y hasta improperios hacia una u otra parte, lo cual tendrá como resultado la pérdida de credibilidad ante el público. Por lo tanto, conserva la calma y mantén tu posición para afianzar el proceso de persuasión.

Otro recurso es analizar cuáles son las barreras que no permiten un punto de encuentro con tu adversario del momento. Una vez reconocidas, toma tus debilidades y transfórmalas en "tus" fortalezas, para que jueguen a "tu" favor. Esto debes lograrlo sin desviarte del objetivo central del debate. También puedes hacer uso del humor y cierto tono ameno en determinados momentos. Lo recomendable es no caer en la impostura, la agresión y la falta de respeto hacia el otro. Como sabes, hay temas que no conviene abordar a la ligera (tales como el holocausto, las catástrofes naturales, los procesos dolorosos institucionales de un país o cualquier otro hecho de naturaleza dura y desafiante). Uno debe colocarse en el lugar del que recibirá la broma y, desde allí, determinar su conveniencia, o no.

Elimina todo lenguaje retorcido, cargado y poco comprensible. No tienes que dejar en claro que estás preparado para argumentar. Por el contrario, podrías caer en una actitud soberbia y desconsiderada hacia el contrincante y el público que los sigue. Apóyate en la fortaleza y la calidad de tus argumentos.

Vuelve una y otra vez al eje de la cuestión principal. No te vayas del tema ni por las ramas. Por lo cual, es recomendable que siempre vuelvas al punto central.

Finalmente, descubre tu propio estilo argumentativo. Hay quienes dejan hablar al contrincante hasta que no tenga nada más para decir, y allí, comienzan su argumentación. Toma notas durante todo el proceso, para apoyarte en las debilidades del otro y potenciar la exposición de tus puntos de vista.

*Dicen que... ya es una media mentira.*

**—Thomas Fuller** (pastor e historiador inglés)

## Claves para los debates

La argumentación forma parte de los debates; sin embargo, en este formato, a veces estructurado como un foro público televisado o con acceso de la gente, el temario es más amplio y las cuestiones pueden tomar giros imprevistos.

Una recomendación fundamental es conocer quién es quién dentro de los participantes del debate. Es posible establecer un escenario de posibles rumbos a debatir. ¿Cómo? Indagando, investigando y leyendo sus declaraciones sobre los cinco temas más importantes.

Otra sugerencia es nunca perder la calma, independientemente de los mensajes que te dirijan. Si percibes que no encuentras espacio para expresar tus ideas, llama la atención del moderador del debate y pide su intervención.

Algunos debates se basan en reglas que se conocen de antemano. Esto es beneficioso para poder prepararse de la mejor forma, ensayar, y establecer respuestas alternativas. Recuerda siempre mantener el eje sobre el tema central del momento y, desde allí, desgranar tus apreciaciones.

Por su fragor, el debate suele presentar ocasiones en que podrás "dialogar" con el público; por ejemplo, para remarcar una debilidad del oponente. En ese caso, por más que el otro esté hablando y no te deje una pausa, puedes utilizar un tono de voz apenas más alto y decir: "¿Ven? No me deja expresar mis ideas". Seguramente provocará una reacción mayor en la otra parte y luego, probablemente, hará una pausa para darte paso.

## La pausa

*Las crisis de los hombres se manifiestan cuando sus mundos se saturan de respuestas y escasean las preguntas.*

—**Dalmiro Sáenz** (escritor argentino)

*En verdad no puedes crecer y desarrollarte si sabes las respuestas antes que las preguntas.*

—**Wayne Dyer** (motivador y escritor norteamericano)

*Buenas preguntas logran respuestas fácilmente.*

—**Paul Samuelson** (economista estadounidense)

## Diez trucos para el momento de las preguntas

Una de las mayores preocupaciones de los nuevos oradores es no saber qué responder ante las preguntas del público. Esto implicaría quedar como poco profesionales o faltos de preparación. Sin embargo, no es necesario que tú seas una enciclopedia abierta y sepas de todo; aunque sí se espera que tengas un gran conocimiento sobre tu tema específico.

Aquí van diez trucos para el momento de las preguntas:

*1. Determina de antemano cómo tomarás preguntas*
Puedes hacerlo durante la presentación. En este caso, pide al público que levante la mano y tú irás concediendo la palabra. Si una persona pregunta y pregunta y el resto del

grupo no lo hace, es conveniente que digas suavemente: "En un momento estaré con usted", y dejes pasar el impulso de dicha persona. Es altamente probable que a los pocos minutos no recuerde qué iba a consultarte.

*2. Indica claramente cómo tomarás preguntas*
Si lo harás al final, solicita que escriban las dudas y explica que, sobre la conclusión, habrá un tiempo asignado para responder algunas de ellas. Puedes seleccionar algunas consultas e, incluso, tener algunas preguntas previamente armadas en tu cabeza y leerlas, como si fuesen del público, comenzando por responder estas.

*3. Sintetiza las respuestas*
No te vayas por las ramas. Directo al punto es lo mejor; de paso, no cometerás errores.

*4. Agrupa preguntas parecidas*
Esta es otra técnica muy efectiva para optimizar tiempos y recursos. Indica que hay varias consultas similares sobre tal aspecto y respóndelas todas de una vez. Puedes agregar pequeños matices, si las consultas así lo imponen.

*5. Presta atención a la dispersión del público*
Muchas personas se dispersan y no escuchan tus respuestas. Es posible que tú hayas respondido alguna pregunta anteriormente. Por lo cual, indica claramente: "Eso ya fue respondido recién. Siguiente pregunta por favor...".

*6. Usa un lenguaje apropiado para todo el grupo*
Independientemente del tenor de la consulta, que podría
venir en una jerga específica, tu misión es ser un excelente
comunicador de ideas y conceptos para abarcar a todo el
público. Por lo cual, no utilices un lenguaje hermético o
selectivo, solo para responder a esa persona en particular.

*7. Haz foco en lo que te preguntan*
No te disperses con las respuestas. No agregues información adicional, excepto que consideres que es de fundamental importancia.

*8. Si nadie pregunta, dispara tú una primera consulta*
Puedes argumentar que, durante el receso, un participante se acercó con una inquietud sobre determinado aspecto y, de esta forma, introduces el bloque de preguntas y
respuestas. Otra técnica, si no hay consultas en el auditorio, es que distribuyas entre los asistentes y colaboradores
tres o cuatro preguntas y les pidas que las formulen.

*9. No inventes respuestas*
Si no sabes, comprométete a averiguar y dar una devolu-
ción en determinado tiempo.

*10. Antes del final, anticipa al público*
"Estas serán las dos últimas preguntas", puedes decir. De
esta forma, harás que el grupo seleccione las dos que con-
sideren más relevantes.

## Otra pausa

*Hacer preguntas es prueba de que se piensa.*
—**Rabindranath Tagore** (filósofo y escritor hindú)

*El arte y la ciencia de hacer preguntas es la fuente de todo el conocimiento.*
—**Thomas Berger** (novelista estadounidense)

*Ni siquiera nos enseñan a plantearnos esas preguntas.*
—**Jostein Gaarder** (escritor noruego)

## Cinco claves para reemplazar las preguntas... sin que nadie se dé cuenta

En ocasiones es posible ir respondiendo las preguntas del público, dentro de tu presentación, sin que este ni siquiera se dé cuenta. De esta forma, quedará completo el abordaje del contenido y no será necesario establecer un método para preguntas y respuestas por separado. Este recurso es especialmente apto si se abordará un tema controvertido que puede dar lugar a múltiples debates o interpretaciones. Sin embargo, en situaciones regulares, la herramienta de preguntas y respuestas es recomendable para dinamizar la presentación del orador y, además, establecer aún más contacto con el público.

Para información del lector, aquí van cinco claves para reemplazar las preguntas... sin que nadie se dé cuenta:

*1. Haz tú mismo las preguntas durante toda tu alocución*

Transforma reflexiones en preguntas y respóndelas en forma evidente. Por ejemplo: "La pregunta entonces es: ¿De qué forma vamos a lograr aumentar nuestras ventas en un 35 % en seis meses? La respuesta a esta pregunta es: ...".

*2. Dale al público la excusa para preguntarte*

"Estoy seguro de que muchos de ustedes se están preguntando cómo haremos para incrementar las ventas en tan corto plazo. Yo también me lo he preguntado. Y reflexionando al respecto, llegué a la conclusión de que...".

*3. Explica que hoy habrá poco tiempo para responder preguntas*

Aunque no tendrás problemas en incorporar respuestas a las dudas frecuentes que vienes recibiendo en los últimos meses sobre el tema a tratar. De esta forma, indicarás claramente cuál es el procedimiento y te avalarás en las consultas que has recibido. Deberás ser lo suficientemente abarcativo para dejar en claro que has respondido ante el público gran parte de sus posibles inquietudes.

*4. Potencia el uso de preguntas retóricas*

Son aquellas que se resuelven con un "sí" o un "no". Haz que el público las responda reiteradamente; ante lo cual, darás la sensación de haber estado todo el tiempo de tu presentación en posición de pregunta-respuesta con la gente.

5. *Formula en voz alta preguntas concatenadas dirigidas al público*

Luego elige la que desees responder en detalle. Por ejemplo: "¿Cuál es nuestra ventaja competitiva en el mercado? ¿De qué forma podemos aumentar nuestra participación? ¿Qué recursos deberíamos aplicar para reducir la baja en ventas?" (y responde la última pregunta). El público tendrá la sensación de que estuviste mucho tiempo haciendo preguntas y respondiéndolas. Es una cuestión de percepción.

CAPÍTULO 7

# La voz: tu herramienta fundamental

Tu voz es el arma más eficaz. De su correcta emisión, articulación y cadencia depende en gran parte el éxito de tu presentación. Como orador, necesitas aprender a utilizarla en toda su dimensión, coloratura y posibilidades. Como sucede habitualmente, los seres humanos tenemos la habilidad de expresar con palabras, a través de la voz, nuestras ideas, emociones y sensaciones; también de transmitir información, conceptos, de debatir, de compartir y tantas otras formas de conexión con las personas que nos rodean. Este proceso lo aprendemos desde chicos y naturalmente lo hacemos con matices, variando de tonos, acentuando palabras para reforzar conceptos, e intercalando pausas, entre una gran cantidad de recursos.

Al ser orador, un aspecto fundamental es aprender a controlar el volumen de emisión para que todos te puedan escuchar claramente y, a la vez, alternar con distintos tonos para acentuar lo que deseas destacar. De igual manera, necesitas tener en cuenta el ritmo de tu locución; ya que, si hablas demasiado rápido, el público no podrá asimilar lo que dices y, si hablas demasiado lento, posiblemente los termines aburriendo. El modo de hablar incluye el tono, la enunciación, la pronunciación, el volumen y la corrección de la articulación de cada palabra utilizada. También influyen el control que tenemos de nuestros gestos y el contacto visual que mantenemos con el público. Para lograr ser un orador eficaz, tienes que saber controlar tu voz y mostrar entre otras, las siguientes características durante el discurso:

- *Tono:* El tono debe ser suave, pero a la vez seguro. Evita caer en el autoritarismo.
- *Coloratura:* Imagina un cuadro con colores vivaces. Tu voz también puede "pintar" distintas instancias, variando entre agudos y graves. Los oradores experimentados conocen su gama y la exploran sin temores. Así, logran variar de matices enriqueciendo su exposición.
- *Ritmo:* Este está determinado por la velocidad con la que hablamos. Al afrontar al auditorio, te encontrarás con distintos tipos de públicos, por lo cual necesitas buscar un ritmo medio (ni muy rápido, ni muy lento) para asegurarte de que todos te comprendan.
- *Volumen:* Es preciso emitir la voz en un tono que

permita ser escuchado por todo el auditorio. Para esto, si no cuentas con la ayuda del micrófono, es recomendable que siempre lo hagas con una actitud tranquila y controlada, aunque debas hablar con potencia. Podrás levantar el volumen cuando quieras enfatizar algún punto en particular.

## El mecanismo de la voz

La voz se produce de modo muy simple, casi igual como sale la música de un instrumento de viento. Se trata de una corriente de aire que asciende por un tubo (la tráquea) y se estrecha en las cuerdas vocales. Este estrechamiento hace que el aire produzca la vibración de las cuerdas vocales; pero la emisión de la voz se debe a la acción coordinada de una infinidad de músculos y órganos, entre los que intervienen el abdomen, el tórax, el cuello y la cara.

### Ejercicio: Descubre tu voz verdadera

1. Graba un fragmento de un texto cualquiera utilizando un grabador de audio o un contestador telefónico. Habla con la boca a aproximadamente veinte centímetros de distancia y directamente hacia el micrófono.
2. Escúchate luego con auriculares o parlantes con un buen volumen.
3. Analiza lo que escuchas. ¿Reconoces tu voz? ¿Te

agrada? ¿Qué matices reconoces? ¿Puedes escuchar tu respiración al hilvanar las frases?

4. Si te gusta lo que escuchaste, ¡felicitaciones!

5. Si no te gusta lo que escuchaste, acostúmbrate. Ese registro es lo más parecido a tu voz real. Sucede que tenemos una noción especial de nuestro timbre de voz, que está determinada por la caja de resonancia de la cabeza. Por lo tanto, muchas veces podemos llegar a desconocernos al escucharnos en grabaciones.

## El dato

Lo que llamamos "timbre" determina las características propias de la voz. Son los armónicos, un conjunto de herramientas que, como un instrumento afinado, permiten la emisión con determinada musicalidad, única y especial. Por eso, los seres humanos tenemos voces metálicas, apagadas, estridentes, graves, agudas, etcétera. Las cavidades de resonancia, denominadas resonadores dentro del aparato de fonación, también determinan en parte el timbre de la voz.

## Siete consejos para hablar mejor

Cuando la voz es empleada adecuadamente ayuda a mantener la atención del público, a hacer hincapié y poner énfasis en los puntos que a uno le interesa resaltar. En relación a esto, hay ciertas características o cualidades de la voz a la que deberías atender especialmente:

## 1. *Aprende a respirar correctamente*

El volumen de la voz depende, en gran parte, de una buena respiración. No debes poner todo el esfuerzo en la garganta, sino en la capacidad de aire que puedas contener en los pulmones. La voz no es algo que comienza en la garganta, sino un proceso que nace del interior del cuerpo y del cual participan diversos órganos, incluido casi completamente el sistema respiratorio. La materia prima de la voz es el aire y, si este se agota, se interrumpe el acto de fonación.

Los profesionales de la voz, tales como los oradores profesionales, los locutores y los cantantes, utilizan todo su caudal respiratorio. Por lo general, la mayoría de los seres humanos utilizamos una pequeña porción de los pulmones como reserva de aire. Sin embargo, es posible entrenarse para saber aprovecharlos al máximo y una forma sencilla y eficaz de lograrlo es aprender a utilizar la respiración costo-diafragmática. En palabras sencillas, inspira por la nariz y lleva todo el aire que puedas hacia la zona baja del abdomen ("hinchando la panza"). Suelta el aire por la boca. Repite el ejercicio varias veces. Cuando menos lo esperes, te encontrarás utilizando el máximo caudal de aire mediante este tipo de respiración profesional. Al disponer de mayor capacidad al respirar, podrás hablar más tiempo sin fatigar tus cuerdas vocales y sin quedarte sin aire.

*2. Modula y articula para que se entienda lo que dices*
La modulación y la articulación de la voz son también muy importantes. Por eso, no está de más "calentar" los músculos faciales y ejercitar la boca, los labios y la lengua antes de un discurso o presentación, con el objetivo de articular correctamente las palabras y lograr una mejor expresión.

*3. Practica la entonación*
Este es otro factor importante y consiste en dar distintas elevaciones de tono a la voz, a fin de conseguir variedades de ella y potenciar la expresividad en las declaraciones. Es a través del tono de voz que una persona puede mostrar su carácter o su estado de ánimo: alegría, tristeza, confianza, seguridad, etc.

*4. Ensaya con tus compañeros o familiares*
Hazlo en voz alta y permite que ellos comenten los aspectos a mejorar, es decir, no solo el contenido sino además la forma.

*5. Repite tu discurso en voz alta frente al espejo*
Será como si te vieras en vivo. Si es posible, grábate en video. De esta manera, evitarás distracciones al mirarte en el espejo.

*6. Consigue un micrófono*
Practica, aunque sea sin amplificación. Coloca el micrófono ligeramente debajo de la barbilla y cuida el detalle de

no taparte la cara. La distancia óptima es a unos diez centímetros de la boca. Consulta con los técnicos del salón de conferencias sobre el tipo de equipamiento disponible. Si no tienes un micrófono en casa, practica con un cepillo o un control remoto, para familiarizarte con la posición, el cambio de manos (sin perder dirección a la boca al hablar), la cómoda gesticulación, etc.

### 7. Expresa tus ideas a través de la voz

Para ello, debes tener en cuenta las expresiones, las tonalidades y los matices. Podría ocurrir que tus palabras digan algo que tu voz no expresa, lo cual le quitará credibilidad a la exposición. Siempre deberías acompañar lo que tus palabras dicen con la entonación y marcar muy bien la diferencia entre lo que es seriedad, angustia, emoción, tristeza, entusiasmo o convicción. En caso contrario, el público solo oirá un discurso monótono que olvidará apenas termine. Los matices, el brillo de la voz y la entonación permiten que el discurso no sea monótono ni monocorde, palabras que provienen de la jerga musical pero se aplican también para instancias discursivas.

*Nada revela tan fiablemente el carácter de una persona como su voz.*

**—Benjamín Disraeli** (parlamentario británico)

# CAPÍTULO 8

# Cómo comunican nuestros gestos

## La comunicación no verbal

A la hora de afrontar un auditorio con éxito, ya sea que se trate de cientos de desconocidos o de un grupo reducido de compañeros de trabajo, la comunicación no verbal gana mucho protagonismo como compañera ideal de las palabras.

En tu vida cotidiana, tú envías constantemente mensajes no verbales a otras personas, con muecas, gestos de las manos, miradas o sonrisas, que pueden ser mucho más importantes de lo que crees. De eso se trata la comunicación no verbal. Remitiéndonos a una definición más académica, la comunicación no verbal es la que tiene lugar a través de canales distintos al lenguaje hablado y escrito. Los significados de las expresiones del rostro, los ademanes y las posturas son parte de este tipo de comunicación, así como las miradas, el contacto físico y el uso de símbolos. Estas y otras dimensiones forman parte del "inconsciente cultural", que podríamos definir como algunas de las dimensiones "ocultas" de las formas de sentir, pensar y actuar de los seres humanos. Si bien es un área de estudio reciente, de nuevas ideas sobre la comunicación humana, se ha constituido rápidamente en un aspecto fundamental del comportamiento humano debido a la influencia que tiene en todas las interacciones.

Según el Doctor Albert Mehrabian, de la Universidad de Columbia, la comunicación no verbal tiene más influencia que las palabras en la transmisión del agrado o desagrado hacia las personas. La comunicación verbal (aquello que expresamos mediante las palabras) tiene una influencia de solo el 7%; mientras que a la comunicación no verbal le corresponde el restante 93%, distribuido entre gestualidad (55%) y paralingüística (38%). Investigaciones realizadas por otros autores arrojan resultados en el mismo sentido: no más del 35% del significado total de una conversación se transmite por las palabras aisladas; el 65% corresponde a los gestos, las posturas y las miradas. Si bien los porcentajes cambian de acuerdo a los distintos estudios, lo que ya nadie pone en duda es su increíble influencia dentro del lenguaje humano.

## Los cuatro canales gestuales

Para ser más claros, y conocer la comunicación no verbal con mayor profundidad, la dividiremos en cuatro canales que son relevantes para el orador:

*Cara* (ceño, sonrisa, mueca): Mientras te diriges a tu auditorio, sonríe con regularidad. Puedes utilizar gestos para sugerir tamaño, número, lugar y otros aspectos físicos a los que te refieras o para sugerir lo que sientes con respecto a lo que dices.

*Ojos* (dirección de la mirada, alteraciones de la pupila): Dirige tu mirada a los oyentes, mirándolos a los ojos. Nunca observes fijamente a una sola persona, al vacío o al micrófono, pues es señal de inseguridad. Antes de comenzar, mira a los oyentes y permíteles que ellos te miren a ti.

*Cuerpo* (postura, posición brazos y piernas, distanciamiento): Si tienes que exponer tu discurso de pie, lo conveniente es mantenerse con los pies un poco separados entre sí, uno ligeramente frente al otro. Cuando hables desde un podio, camina hacia este en forma natural y espera hasta que el público haya terminado de aplaudir para comenzar a hablar. En cuanto a las manos, lo más natural es mantener los brazos a lo largo del cuerpo y las manos fuera de los bolsillos. Nunca juegues con monedas, llaves o lapiceras y evita distraer al público "lavándote las manos", rascándote la cabeza, quitándote y poniéndote los lentes o jugando con los apuntes. Si te sudan las manos, trata de no hacerlo obvio ante el público.

*Voz* (tono, ritmo): Como ya mencionamos en el capítulo anterior, debes controlar tu voz y mostrarte siempre seguro de ti mismo.

*Quien no comprende una mirada tampoco comprenderá una larga explicación.*
**—Proverbio árabe**

## El sistema kinésico y la importancia del movimiento

Arquear una ceja, mover repetidamente un pie, guiñar un ojo, esbozar una sonrisa, mirar hacia arriba, apretarse las manos, jugar con una lapicera, llevar una escarapela, vestir un traje o callarse la boca son todas expresiones de tu cuerpo que te pueden jugar una buena o mala pasada a la hora de enfrentar un auditorio.

Con el fin de dar a conocer aquellos gestos que podrían pasar desapercibidos pero, a la vez, incidir inconscientemente en el éxito o fracaso de una presentación, a continuación detallaremos uno de los cinco grandes sistemas de la comunicación no verbal: el sistema kinésico. Blaise Pascal, en una de sus célebres frases, decía que "nuestra naturaleza está en movimiento". Seguramente con esas palabras, el filósofo francés nunca imaginó que todos nuestros movimientos, hasta el aparentemente insignificante parpadeo, serían estudiados por una ciencia que aparecería mucho después de su muerte: la comunicación no verbal. El sistema kinésico, que deriva de la palabra griega *kinesis* que significa movimiento, es justamente el que estudia el movimiento humano desde el punto de vista de sus significados.

## Gestos y posturas

Al analizar filmaciones de conversaciones cotidianas, el antropólogo norteamericano Ray Birdwhistell, pionero en la comunicación no verbal, descubrió que el movimiento del cuerpo puede ser desglosado en dos unidades. Por un lado, el kine, que incluye los movimientos menores y se encuentran en el límite de la posibilidad de percepción, como un parpadeo y los gestos. Y por otro lado, los kinemas, que son aquellos movimientos mayores que adquieren significado de acuerdo a la secuencia y el contexto en que se realizan, la postura.

Así, se determina que dentro del sistema kinésico se destacan los gestos y las posturas. La conducta gestual comprende los movimientos fugaces de las expresiones de la cara, las manos, los brazos, las piernas, el tronco, la cabeza y el cuerpo, todo en su conjunto. En cambio, las posturas son comportamientos no verbales más estables, en los que algunas partes o el total del cuerpo adoptan una posición, como puede ser estar de pie de una manera determinada, sentarse y hasta la forma de caminar.

*Los gestos por lo general transmiten información sobre lo que la persona siente realmente. De allí que es sumamente importante estar atento a ellos a la hora de dar un discurso, tanto para que tus gestos concuerden con lo que dices, como para poder entender, "leer" e interpretar los gestos del auditorio y conocer sus reacciones ante tus palabras. Por ejemplo, el acto de levantar y bajar rápidamente las cejas, llamado "flash", es común a todas las culturas y se utiliza inconscientemente como saludo; sin embargo, levantar una ceja es sinónimo de incredulidad. O bien, la ausencia de movimiento de cejas también es significativa, porque puede suponer que la persona no está interesada o que está controlando sus emociones.[1]*

### Aprende a leer algunos gestos

Si bien, como hemos dicho, los gestos no pueden interpretarse por separado para no caer en conclusiones que pudiesen ser erróneas, muchos de ellos son tan evidentes y obvios que es posible decodificarlos directamente:

- Cuando la mano tapa la boca, es señal de mentira.
- Tocarse la nariz de múltiples formas, como así también frotarse los ojos, puede indicar que se está contando algo falso.
- Otros gestos que denotan mentira, o al menos que no se está siendo sincero, son: rascarse el cuello, tirarse del cuello de la camisa, apretar los dientes, reírse con la boca muy cerrada y los dientes apretados, etc.
- Morderse las uñas, chasquear los dedos o repicar con ellos sobre la mesa son muestras de inseguridad y de nerviosismo.
- Apoyar la barbilla sobre la mano significa aburrimiento.

---

1.    Fuente: www.comunicacionnoverbal.com

Pero apoyar la mano con un dedo sobre la sien denota interés por el tema que se está tratando.

- También colocar un dedo sobre la mejilla denota un alto interés por el tema.

- Acariciarse la barbilla, o apoyar el pulgar e índice en la barbilla, denota pensamiento, evaluación de la situación o toma de decisiones.

- Frotarse la cabeza o darse palmadas en ella denota enojo, enfado y a veces un simple olvido.

- El cruce de piernas, al igual que el de brazos, denota una actitud defensiva o de desconfianza. Si además los brazos sujetan la pierna, significa una actitud cerrada, de terquedad, de inmovilismo.

- Una persona fumadora también envía señales a sus interlocutores. Cuando echa el humo hacia arriba, está demostrando un alto grado de seguridad y una actitud positiva. Cuando lo echa al frente, muestra una actitud de entendimiento, de acuerdo con su interlocutor. Y cuando lo echa hacia abajo, su actitud es negativa, de rechazo.

- Golpear muchas veces el cigarrillo contra el cenicero es signo de inseguridad y falta de confianza. También encender un cigarrillo y apagarlo muy pronto significa un deseo de terminar la conversación. Los fumadores de pipa, según algunos estudios, son más cautelosos y reposados para tomar decisiones que los fumadores de cigarrillo.

La postura comunica la intensidad de la emoción y aporta datos sobre cómo se siente el receptor. Por ejemplo, adelantar el torso puede indicar receptividad o desafío y cruzar los brazos señala mala predisposición. Dentro de esta categoría, también entra la manipulación de objetos, como lápices, papeles, vasos o anillos, los cuales proyectan el estado emocional. Por ejemplo, si tú te acaricias la corbata al hablar con un integrante de tu auditorio, eso puede indicar que te atrae; mientras que jugar con el anillo puede leerse como una respuesta ante un estímulo similar.

*Las emociones de la gente rara vez se expresan en palabras; con mucha mayor frecuencia se manifiestan a través de otras señales. La clave para intuir los sentimientos del otro está en la habilidad para interpretar los canales no verbales. Así como la mente racional se expresa a través de palabras, la expresión de las emociones es no verbal.*

—**Daniel Goleman** (de su libro "La inteligencia emocional")

## La mirada

En uno de los libros de La Biblia, escrito hace miles de años, ya se decía que "por la mirada se reconoce a un hombre" (Eclesiástico 19:29). La mirada es un elemento fundamental en la comunicación no verbal, ya que no solo transmitimos información mediante palabras, sino que también los ojos cumplen un papel determinante en el proceso comunicativo. Mirar es una forma de tocar a distancia, de hacer sentir tu presencia ante los demás. Cuando tú escuchas a un interlocutor, es importante que lo mires a la cara, aunque no es aconsejable mantener la mirada fijamente durante un largo período, pues puede provocar inquietud y nerviosismo en la persona que está hablando. La mirada cumple varias funciones en la interacción. Como orador eficaz, debes conocer su impacto y dominarla para capitalizarla a tu favor, por cuanto:

- Contribuye a regular el acto de la comunicación. Con la mirada, tú puedes indicar que te interesa el contenido de una interacción, evitando así el silencio.
- Es fuente de información. La mirada se utiliza para obtener información. Las personas miran mientras escuchan para obtener una información visual que complemente la auditiva.
- Ayuda a expresar las emociones. Puedes leer el rostro de una persona sin mirarla a los ojos pero, cuando los ojos se encuentran, ambos pueden conocer el estado de ánimo del otro. Se pueden asociar diversos movimientos de los ojos con una amplia gama de expresiones humanas.
- Comunica el tipo de relación interpersonal. Por ejemplo, al encontrarse las miradas, se descubre

inmediatamente el tipo de relación que las personas mantienen. Del mismo modo que, cuando se esquivan miradas, se dan igualmente mensajes inequívocos de vergüenza, miedo, intimidación, huida, desaprobación, timidez y ocultamiento.

*Ejercita cada día tus ojos poniéndote frente al espejo. Tu mirada debe aprender a posarse silenciosa y pesadamente sobre el otro, a disimular con velocidad, a aguijonear, a protestar. O a irradiar tanta experiencia y sabiduría que tu prójimo te dé la mano temblando.*

—**Walter Serner** (escritor y ensayista alemán)

## El contacto físico

El contacto corporal implica un puente físico entre dos o más personas y puede transmitir una fuerte carga emocional. Por eso, la observación de diferentes formas de contacto, de las partes del cuerpo que alguien toca o permite que le toquen, ofrece indicios acerca de la relación. Por ejemplo:

- La cabeza y el rostro son partes del cuerpo que solo permitimos que nos toquen personas de nuestra confianza pero, si tú le tocas esas zonas a una persona desconocida, seguramente reaccionará negativamente.
- El apretón de manos puede significar distintas cosas acompañado de otras acciones. Colocar la

otra mano encima, si se utiliza con gente conocida, demuestra confianza; pero con gente desconocida el efecto es el contrario. Dar la mano y agarrar la muñeca o el codo solo se debería hacer con personas conocidas o del entorno cercano. Dichos gestos son interpretados como símbolo de honestidad y sinceridad con personas de nuestra confianza; mientras que producen el efecto contrario en personas desconocidas o recién presentadas.

Como oradores, es posible que en ciertas ocasiones necesitemos acercarnos y mantener algún tipo de contacto físico con una persona. Por ejemplo, si solicitamos la ayuda de alguien para ejemplificar una situación. Pero en estos casos, sin excepción, se debe anticipar muy claramente a la persona sobre qué forma de contacto corporal tendremos con ella. No es preciso hacer una explicación extensa, sino solo brindar las instrucciones correspondientes a la situación. Lo que se debe hacer aquí es dar contexto y ser sumamente cuidadoso de no invadir el espacio corporal de la otra persona, manteniendo la distancia apropiada.

**¡Secreto de expertos!**
Cada vez que una o varias personas te acompañen en alguna experiencia, ya sea con un ejemplo, un testimonio o una participación destacada dentro de tu conferencia,

debes darles un reconocimiento. Una forma usual, frecuente y sumamente estimulante es pedir un breve aplauso de la audiencia. De paso, se distiende y moviliza la energía del grupo.

# CAPÍTULO 9

# Ejercicios para convertirte en un orador profesional

Hace más de dos mil años, en Roma, aquella ciudad que supo ser la base de la oratoria actual, el escritor Plinio el Joven decía: "La práctica es un maestro excepcional". Ahora que tú ya conoces en detalle los principios básicos para convertirte en un orador, te proponemos algunos ejercicios para llevar la teoría a la realidad y facilitarte la tarea de enfrentar un auditorio.

Te sugerimos tomarte un tiempo a solas para ejercitar. Coloca música suave y agradable, para crear un clima de conexión e intimidad con ti mismo y lograr el máximo resultado. Puedes hacerlo en tu casa, en tu oficina, durante un viaje y en los minutos previos a dar un discurso. Recuerda que cualquier rutina de ejercicios físicos requiere del chequeo de tu condición física con un profesional médico. Ante cualquier duda, consulta con tu médico de cabecera.

## Ejercicios para el cuerpo

- *Para obtener más flexibilidad*
Sostén tu cuerpo rígido hacia arriba, con los brazos levantados. Inspira lentamente por la nariz. Exhala por la boca. Baja lentamente los brazos, la cabeza y los hombros, hasta parecer una prenda de ropa colgada de un gancho. Hazlo invertido (desde abajo hacia arriba). Repite tres veces.

- *Para relajar la cabeza y el cuello*
Puedes hacerlo sentado, en una silla cómoda con respaldo recto. Apoya tu espalda por completo y cierra los ojos para evitar marearte. Comienza a rotar lentamente la cabeza y el cuello en el sentido de las agujas del reloj. Acompaña cada rotación con una respiración suave y profunda. Recuerda llevar aire no solo a tus pulmones, sino también hacia tu abdomen. Rota completamente tu cabeza y cuello y percibe cómo se relajan tus articulaciones. Haz dos giros enteros en el sentido de las agujas del reloj. Luego, otros dos giros en sentido contrario. Descansa en posición de cabeza erguida. Toma una respiración profunda y suelta el aire. Abre los ojos.

- *Para relajar cabeza, cuello y torso*
Este ejercicio se hace de pie y con los ojos abiertos. Coloca los pies separados al ancho de tus hombros y mantén una posición con el cuerpo erguido. Coloca las manos en la cintura y comienza a rotar suavemente la cabeza, el cuello

y el torso acompañando con un leve movimiento de la cadera. Realiza tres rotaciones hacia la derecha y tres hacia la izquierda, inhalando y exhalando profundamente.

- *Muñeco de trapo*

Se trata de un juego creativo de las articulaciones. Está especialmente indicado para liberar tensiones o recobrar la vitalidad. De pie y con los ojos abiertos, comienza a mover al mismo tiempo todas las articulaciones del cuerpo. No es necesario hacer grandes movimientos, sino ser consciente de las tensiones y liberarlas por medio del movimiento. Al principio, puedes dar pequeños saltos, hacer movimientos sueltos con brazos, cabeza y hombros. Luego, al reconocer alguna contractura o tensión, puedes dirigir tu atención a esa zona, respirar profundamente y, sin esfuerzo, estirarla. Acompaña con una respiración profunda. También puedes recobrar energía con una serie de no más de dos minutos seguidos de movimientos del cuerpo, como si saltaras o bailaras libremente y emitiendo, al mismo tiempo, una escala vocal (por ejemplo, "aaaaaa", "eeeeee", "iiiiii", "oooooo", "uuuuuu" en distintas intensidades).

- *El sonido "i"*

El sonido "i", emitido con fuerza y un buen caudal de aire, es altamente energizante. Puedes hacerlo (aunque resulte gracioso) con todo el grupo, cuando necesites volverlos a la plena conciencia en tu conferencia. Sirve para distender y flexibilizar y para devolver la energía al cuerpo (reintegración energética). De pie con los ojos abiertos, levanta ambos brazos con las manos en alto. Comienza a pronunciar el sonido "i" haciendo como la típica "ola" de las canchas, mientras vas doblando el torso hacia adelante, y luego lo elevas nuevamente. Haz tres series comenzando desde arriba.

- *Para estirar brazos y piernas*
Simplemente, de pie sacude con entusiasmo cada extremidad. Puedes apoyarte en el respaldo de una silla para conservar el equilibrio. Realiza tres series comenzando por los brazos, y luego sigue con las piernas.

- *Para relajar el rostro*
Para la relajación de la cara, ubícate frente al espejo y haz todo tipo de gestos, por más insólitos que parezcan; por ejemplo: apretar y relajar el rostro, completo y por secciones, ojos, boca, frente, o mover la lengua, dentro y fuera de la boca. Acompaña con respiración profunda y emisión de sonidos que surjan espontáneamente mientras haces el ejercicio.

- *Para relajar la cara por sectores*
Haz morisquetas, apretando y relajando todo el rostro; luego, por sectores, los ojos y la frente. Frunce la nariz, tensiona el cuello y suelta rápidamente. Mueve los labios abriendo exageradamente la boca. Después mueve la

lengua, dentro y fuera de la boca. Acompaña siempre con respiración profunda y siéntete libre de emitir cualquier sonido que surja espontáneamente.

## Ejercicios para la voz

• *Para mejorar la respiración*
Para conocer tu capacidad de aire, haz este sencillo ejercicio que te permitirá mejorar sustancialmente en este aspecto. Siéntate cómodamente en una silla con la espalda recta y bien apoyada. Relaja todo el cuerpo, sin perder la posición erguida. Respira profundamente por la nariz. Retén el aire por tres segundos. Exhala suavemente por la boca, mientras comienzas a contar desde uno hasta quedarte sin aire. Descansa un minuto. Repite el ejercicio tres veces. Pronto, percibirás que tu cuenta se va extendiendo más y más, porque tendrás más capacidad de aire.

• *Para relajar las cuerdas vocales*
Consigue en Internet un video o un audio contagioso de la risa de un bebé. Sentado, coloca la grabación en repetición continua. Deja que tu risa surja espontáneamente y acompaña el sonido grabado. Ríete con ganas pero sin forzar tus cuerdas vocales y tu garganta. Respira profundamente. Las cuerdas sufren si nos reímos muy fuerte sin suficiente aire; por eso, muchas veces tras un ataque de risa muy intenso, algunas personas suelen tener disfonía o carraspera.

- *Para proyectar mejor la voz*

Para practicar la proyección de la voz, elige una de tus canciones favoritas. No la cantes, solamente recita la letra. La clave está en dirigir la voz proyectándola hacia un punto específico. Enfócate en ese punto como si fuese tu auditorio. Comienza a decir la letra en un volumen bajo, siempre atento a la proyección de la voz y la correcta articulación de cada palabra (es decir, abriendo y cerrando la boca para pronunciar bien cada sílaba). Ve subiendo el volumen de tu voz de a poco y sin esfuerzo. Acompáñalo con respiración profunda. Cuanto más aire tengas, mejor la proyectarás. Una variación de este ejercicio es hacerlo leyendo tu propio discurso o un texto que hayas aprendido de memoria. Sigue prestando atención al punto de enfoque para proyectar la voz y comienza a moverte en un escenario imaginario. Percibe cómo cambia la coloratura de tu voz mientras te desplazas.

## Ejercicios para el discurso

Los ejercicios de oratoria son sencillos, aunque con frecuencia algunas personas olvidan que la clave consiste en practicarlos. Si tú preparas el discurso, llevas los apuntes, tomas las medidas previas, conoces el tema y el auditorio, ya estás preparado.

Para este ejercicio, estructurado como una secuencia completa de ensayo, debes tener en claro la base de tu discurso. Escríbelo completo (como si fuese un guión), no para memorizarlo sino para colocar la información esencial. Luego, resúmelo con los lineamientos principales. Practícalo siguiendo este método:

1. Léelo en voz alta, a solas en un ambiente amplio.
2. Recuerda proyectar la voz y dirigirla a la pared opuesta.
3. Graba tu discurso y luego escúchate. Anota los defectos y vuelve a practicar.
4. Graba tu ensayo con video y préstale atención a los movimientos de las manos, los gestos y la postura de la espalda, tu aspecto en general y tu voz.
5. Por último, vístete con la ropa que utilizarás el día de tu exposición. Practica una vez más todo el discurso, desde el primer hasta el último instante.
6. Recuerda mantener una postura erguida, una mirada firme, un rostro sereno y un buen caudal de aire para asegurar una correcta emisión de la voz.
7. Estructura el ensayo en bloques de diez minutos. Puedes dividirlos por secuencias temáticas, puntos de impacto, etc.

## Ejercicios para calmar los nervios

Estos ejercicios están destinados a ayudarte a reducir el nerviosismo antes de presentarte ante un auditorio.

- *Moviendo manos y brazos*

Es posible que sientas tensión en los brazos y los dedos.

Para relajarte y controlar los nervios, mueve los dedos, sacude las muñecas y los brazos. Repite dos veces.

• *Relajando los hombros*
Primera parte: sube los hombros al máximo y relájalos. Repite estos movimientos cinco veces. Segunda parte: rota los hombros suavemente, moviéndolos al mismo tiempo de atrás hacia adelante unas cinco veces. Luego, al revés, otras cinco veces.

• *Respiración para reducir el estrés*
Siéntate en un lugar cómodo, también puedes acostarte boca arriba con el cuerpo estirado y relajado. Coloca tus manos sobre el estómago. Así podrás percibir cómo este se levanta cuando lleves el aire a la zona del diafragma. Cierra los ojos. Inspira profundamente por la nariz y suelta el aire lentamente por la boca, apenas abierta. Repite este procedimiento cinco veces. Luego inspira profundamente en tres tiempos y suelta el aire también en tres tiempos. Relájate y siente cómo la energía de la calma y la paz va entrando en ti a través de inspirar y exhalar con suavidad.

• *Visualización positiva*
Esta técnica es sumamente poderosa y efectiva. Puedes aplicarla como orador y también en la vida cotidiana, para clarificar estados de conciencia y manifestar en hechos todo lo que deseas lograr. Coloca música suave, que

te conecte e inspire. Sentado o acostado, en posición cómoda y relajada, cierra los ojos y respira profundamente tres veces. Visualiza una columna de luz blanca, brillante y pura. Dentro de esa columna, imagínate a ti dando tu discurso. Esta luz es lo que necesitas para sentirte totalmente a salvo, seguro, claro, efectivo en tu comunicación y frente a un público entusiasta y amigable. Sigue utilizando tu imaginación creativa...

Ahora coloca en esa luz los sentimientos negativos que quieres abandonar y soltar: miedo, estrés, tensión, duda, etc. Observa cómo se disuelven en la luz, como por arte de magia. Al mismo tiempo, coloca allí las cualidades que deseas manifestar en tu discurso: claridad, solvencia, humor, serenidad, impacto positivo en ti y en los otros, gratitud por la oportunidad de compartir experiencias, etc. Finalmente, dite a ti mismo: "Para el bien mayor de todos", sellando así las mejores intenciones en esta visualización para el éxito. Respira profundamente. Abre los ojos. Percibe la calma, la seguridad y la confianza que ya están presente.

## Caja de herramientas: cincuenta frases para mejorar tus presentaciones

Es fundamental hacer tangible lo intangible. Por eso, utilizar frases de impacto dentro de tu presentación hará que el mensaje llegue rápida y claramente al público. Aquí hay algunos ejemplos:

1. La distancia no importa. Solo el primer paso es difícil (Madame du Deffand).
2. Algunos hombres miran lo que son y piensan: "¿Por qué?". Yo miro lo que todavía no soy y pienso: "¿Por qué no?" (George Bernard Shaw).
3. Cuando combinamos nuestros talentos individuales podemos ser virtualmente los mejores (Dan Zadra).
4. El trabajo duro lo hace fácil. Ese es mi secreto. Por eso gano (Nadia Comaneci).
5. Cuando varias personas de igual rango compiten entre ellas, la desunión da la victoria al adversario (Maquiavelo).
6. Cualquiera que diga: "Lo importante no es si ganas o pierdes" probablemente pierda (Martina Navratilova).
7. Para guiar a la gente, camina detrás de ella (Lao Tsé).
8. Ganar alimenta la confianza, y la confianza alimenta las posibilidades de ganar (Hubert Green).
9. Todos estamos cautivos en una inexorable red de reciprocidad (Martín Luther King Jr.).
10. Juntar las manos está bien. Pero abrirlas es mejor (L. Rastibonne).
11. Cuando el bienestar se comparte con otros, aumenta (Josia Gilbert Holland).
12. Me quedo con el equipo que gana. Lo que se recuerda son las victorias, no los buenos partidos (Michel Platini).
13. Hay más dinamita en una idea que en una bomba (Joseph Vicent).

14. La verdadera ventaja competitiva es el trabajo en equipo (Anónimo).
15. Todo en la vida tiene principio. Lo importante es que tenga continuidad (Juan Manuel Fangio).
16. Nadie puede tocar solo una sinfonía; hace falta una orquesta para hacerlo (H.E. Luccock).
17. Nada es tan contagioso como el entusiasmo (Edward Bulver-Lytton).
18. Solos podemos hacer muy poco; unidos podemos hacer mucho (Hellen Keller).
19. Muchas manos hacen un mejor trabajo (Proverbio inglés).
20. Si pude llegar a ver más lejos que los demás, es porque me subí en los hombros de gigantes (Isaac Newton).
21. Una empresa es como un barco: todos deben estar preparados para tomar el timón (Morris Weeks).
22. Cuando alguien señala a una persona con el dedo, debería recordar que los otros tres apuntan hacia él (Lin Yutang).
23. Ninguna carga es demasiado pesada si se levanta entre varios (Sy Wine).
24. Puedes imaginar, crear, diseñar y construir la idea más maravillosa del mundo, pero te hará falta gente para convertirla en realidad (Walt Disney).
25. Los grandes avances y logros invariablemente se deben a la cooperación de muchas mentes (Alexander Graham Bell).

26. Las fortalezas están en nuestras diferencias, no en nuestras similitudes (Stephen Covey).
27. No hay que apagar la luz de los demás para que brille la nuestra (Ghandi).
28. Si uno avanza confiadamente en la dirección de sus sueños y deseos para llevar la vida que ha imaginado, se encontrará con un éxito inesperado (Henry David Thoreau).
29. Todos tus sueños pueden hacerse realidad, si tienes el coraje de perseguirlos (Walt Disney).
30. No es lo que tú tienes, sino como usas lo que tienes lo que marca la diferencia (Zig Ziglar).
31. Aquellos que dicen que algo no puede hacerse suelen ser interrumpidos por otros que lo están haciendo (Joel A. Barker).
32. El mejor modo de predecir el futuro es inventándolo (Alan Key).
33. Cualquiera que no esté cometiendo errores es que no está intentándolo lo suficiente (Wess Roberts).
34. No puedes escapar de la responsabilidad de mañana evadiéndola hoy (Abraham Lincoln).
35. Un campeón tiene miedo de perder. Los demás tienen miedo de ganar (Billie Jean King).
36. Hoy es el mañana acerca del cual te preocupabas ayer (Dale Carnegie).
37. El único límite a nuestros logros de mañana está en nuestras dudas de hoy (Franklin D. Roosevelt).
38. El éxito no es el resultado de una combustión

espontánea. Tú tienes que encenderte primero (Fred Shero).

39. Muchos de nuestros sueños parecen al principio imposibles; luego pueden parecer improbables, y después, cuando nos comprometemos firmemente, se vuelven inevitables (Christopher Reeve).

40. El éxito es la habilidad de ir de fracaso en fracaso sin perder el entusiasmo (Winston Churchill).

41. Ningún pesimista ha descubierto nunca el secreto de las estrellas, o navegado hacia una tierra sin descubrir, o abierto una nueva esperanza en el corazón humano (Hellen Keller).

42. Solo hay dos formas de vivir tu vida. Una es pensar que nada es un milagro. La otra es pensar que todo es un milagro (Albert Einstein).

43. Solo aquellos que se atreven a tener grandes fracasos terminan consiguiendo grandes éxitos (Robert F. Kennedy).

44. Todo aquello que puedas o sueñes hacer, comiénzalo. La audacia contiene en sí misma genio, poder y magia (Goethe).

45. El miedo no existe en otro lugar más que en la mente (Dale Carnegie).

46. El fracaso es solo la oportunidad de comenzar de nuevo de forma más inteligente (Henry Ford).

47. La tragedia en la vida no consiste en no alcanzar tus metas, sino en no tener metas que alcanzar (Benjamín E. Mays).

48. Si tuviéramos que hablar más que escuchar, tendríamos dos bocas y solamente una oreja (Mark Twain).
49. ¿Por qué contentarnos con vivir a rastras cuando sentimos el anhelo de volar? (Hellen Keller).
50. El ejemplo no es lo más importante para influir en los demás. Es lo único (Albert Schweitzer).

**El dato: cinco claves para incluir pensamientos célebres**

1. Utiliza frases cortas. Las personas tienen tendencia a tomar notas y, si son muy extensas, podrían distraerse. Por otro lado, las frases de pocas palabras son más claras y le darán ritmo a tu discurso; mientras que las extensas pueden hacerte perder ritmo e impacto.
2. Recuerda mencionar la fuente, en los casos que así corresponda. Si conoces a los autores, debes incluirlos.
3. Inserta solo pensamientos apropiados, no busques rellenar tu discurso con palabras sin sentido. Incluye exclusivamente aquellos que apoyan tus ideas.
4. Busca despertar curiosidad, diversión, entusiasmo. Motiva mediante las frases. Son excelentes recursos para anclar conceptos.
5. Impacta con frases de cierre. Puedes hacer tuyas algunas palabras para dar un marco de cierre de alta eficacia ante el público. También puedes

utilizarlas para anunciar recesos e invitar a pensar en ellas para retomarlas cuando vuelven a la charla.

## Doce ejercicios para saber dónde poner las manos

Las manos son acaso uno de los aspectos que mayores inconvenientes presenta a muchos oradores. ¿Dónde las coloco? ¿Qué hago con mis manos mientras hablo? ¿Cuándo escucho a otros es conveniente mostrar las manos? ¿Es cierto que necesito tener un bolígrafo todo el tiempo para no moverlas tanto? Estas son algunas de las dudas más comunes al respecto.

Como regla general, necesitas aprender el correcto uso de las manos para evitar movimientos distractivos que te hagan perder efectividad en tu presentación. Aquí presentamos doce ejercicios sencillos para aprender a usar las manos como un orador experto. La invitación es a practicarlos hasta incorporarlos naturalmente y que las manos sean tus aliadas, y no un problema a afrontar en escena. Muchos de estos ejercicios son de preparación y otros puedes insertarlos en escena para enriquecer tu lenguaje gestual en forma espontánea.

- *Ejercicios de preparación*

1. Relaja las muñecas. Flexibiliza tu articulación, extendiendo las manos y los antebrazos. Flexiona la muñeca hacia arriba y hacia abajo, a la izquierda

y a la derecha. Realiza este ejercicio cinco veces. Luego, otras cinco veces, rota por completo las manos en torno a las muñecas hacia la derecha, y luego hacia la izquierda.

2. Sacude las manos. Antes de ensayar y de salir a escena, tómate un tiempo para lavarte las manos con abundante agua fría para estimular la circulación sanguínea. También sacúdelas fuertemente, como soltando la energía trabada en tus dedos. Inspira profundamente por la nariz y suelta el aire por la boca, al mismo tiempo que sacudes las manos.

3. Abre y cierra las manos. Cierra el puño con la mano izquierda, aprieta fuertemente y suelta suavemente, como en cámara lenta. Repite el proceso con la mano derecha. Coordina la respiración.

4. Abre y cierra las manos rápidamente. Cierra ambas manos presionándolas fuertemente. Estira los brazos y, al mismo tiempo, abre las manos liberando toda la tensión. Repite cinco veces.

5. Ejercita la articulación de los dedos. Estira el brazo derecho con la palma hacia arriba. Ve subiendo y bajando cada dedo, de a uno por vez. Intenta no mover el resto de los dedos. Completa el ciclo con el brazo izquierdo, repitiendo el procedimiento.

6. Representa sentimientos. Prueba interpretar, solo con tus manos, sentimientos como alegría, tristeza, rabia, amor, agradecimiento, etc. También

puedes incorporar los movimientos del director de orquesta, o de cualquier otro profesional que usa sus manos con precisión. La intención es que te ejercites en obtener soltura con las manos.

- *Haciendo uso de las manos en escena*

1. Haz formas geométricas. Mueve ambas manos con la mayor precisión posible describiendo distintas figuras, como apoyo a ciertas ideas. Perfecciona la técnica de "dibujar en el aire" con las manos, hasta incorporarla naturalmente.
2. Marca unidades de medida. Puedes utilizar ambas manos para marcar medidas de altura, posición, volumen, textura y cualquier otra expresión que necesites transmitir con tus manos.
3. Alterna el micrófono entre ambas manos. Dispone de un micrófono inalámbrico en una de tus manos y gesticula con la otra. Toma conciencia de no perder tono, volumen y encuadre del aparato respecto de tu boca.
4. Tranquiliza tus manos con un bolígrafo. Si no puedes detener tus manos cuando estás en escena, y no las necesitas para sostener el micrófono, recurre en algunos momentos a un bolígrafo para dejarlas en reposo, incluso para acentuar algunas ideas y utilizarlo para señalar. Este recurso es especialmente apto si estás sentado detrás de una mesa.

5. Representa objetos con las manos. Sin necesidad de ser un artista de la mímica, puedes representar algunas cosas sencillas con tus manos. Por ejemplo, si tienes que hacer una cuenta regresiva, también los dedos serán buenos aliados acompañando tu discurso.
6. Apoya los conceptos con tus manos. Utilízalas para enfatizar, teniendo en cuenta no irte de cuadro ni gesticular exageradamente. Con el tiempo incorporarás este recurso con total naturalidad.

## Ocho ejercicios sencillos para movilizar al público

*1. Preguntas que inspiran*

*Objetivo:* Ayudar a los participantes a crear visiones alternativas sobre cualquier tema.

*Procedimiento:* Formula un problema con una pregunta. Anota las respuestas en el rotafolio. Ayuda a que el grupo encuentre conexiones entre las respuestas y las soluciones al problema. Motiva con preguntas hipotéticas, aunque conectadas con el tema central, para moverlos hacia nuevos esquemas de pensamiento: ¿Qué pasaría si tuviésemos todos los recursos disponibles? ¿Seríamos más felices? ¿Cuál sería la verdadera prioridad del equipo de ventas?

## 2. Reconocer la diferencia

*Objetivo:* Abrir al grupo a aceptar que todos somos distintos y que podemos tener opiniones diferentes.

*Procedimiento:* Explica las diferencias entre los seres humanos, las percepciones, nuestras historias personales. Luego, llévalos lentamente a reflexionar sobre la diversidad de ese grupo. Consulta quiénes están sentados al lado de alguien previamente conocido y haz que muevan la cabeza hacia la derecha y luego hacia la izquierda, para reconocer a quién tienen sentado al lado. Reflexiona y encuentra los puntos de vista en común.

## 3. Salir de la zona cómoda

*Objetivo:* Hacer que el grupo se mueva y experimente cosas distintas.

*Procedimiento:* Reflexiona sobre la necesidad de hacer algo distinto, si se quieren obtener resultados diferentes. Habla de la zona cómoda, el espacio confortable en el que muchas personas se mueven cotidianamente. Invítalos a salir de ese espacio. Indícales que se pongan de pie y que cambien de lugar en las sillas. ¿Cómo se ve el curso desde otra perspectiva? ¿Quiénes son las personas de al lado?

## 4. Cocktail para conocerse

*Objetivo:* Romper el hielo.

*Procedimiento:* Una vez que hayas comenzado tu disertación y te hayas presentado, consulta al grupo sobre quiénes aún no se han dado a conocer ante el grupo. La respuesta es: "¡Ustedes!". Invítalos a salir de la zona cómoda. Da una breve explicación. Establece como meta que cada uno conozca al menos a cinco personas nuevas. Pídeles que se pongan de pie y caminen por el salón, utilizando todo el espacio. La idea es que se presenten con su nombre, su apellido, su profesión y el objetivo por el cual están en el curso. Toma unos cinco minutos. Haz una cuenta regresiva desde los 30, 15, 10 segundos hasta el final. Puedes colocar música de fondo agradable (en un volumen razonable para que el grupo pueda dialogar). Cuando vuelvan a sus asientos, haz que realicen breves comentarios sobre la experiencia. ¿Qué personas conociste? ¿Quiénes te llamaron la atención? ¿Aprendiste algo nuevo?

## 5. Metáforas de la realidad

*Objetivo:* Desarrollar el pensamiento innovador, creativo y asociativo.

*Procedimiento:* Muestra una lista de alternativas escritas, tales como:

- La creatividad es como enamorarse.
- La creatividad es como hacer una torta.
- La creatividad es como afilar un hacha.
- La innovación es como zambullirse en una piscina.

Luego, formula una pregunta específica sobre el tema que necesitan desarrollar juntos. Estimula al grupo a que conecten con las metáforas. Ejemplo: La creatividad es como hacer una torta. Debemos tener paciencia, mezclar los ingredientes en justas proporciones y, luego, cocinarla algún tiempo. Finalmente hay que decorarla. Resume los resultados en voz alta, llegando rápidamente al resultado de la pregunta-disparador.

## 6. *Observando en perspectiva*

*Objetivo:* Resolver problemas y tener miradas alternativas.

*Procedimiento:* Da instrucciones claras y sencillas. Invita a visualizar cualquier objeto. Asegúrate de que todos hayan visualizado ese objeto con su mente creativa. Después estimúlalos para que todos sigan tus indicaciones y registren las sensaciones mientras lo hacen:

- Que hagan girar el objeto delante de su rostro.

¿Cómo se ve? ¿Qué se siente? Que lo observen desde arriba. ¿Qué perciben?

- Ahora lo miran desde abajo. ¿Cuál es la diferencia?
- Ahora lo pintan de un color. ¿Qué color es? ¿Cómo cambió su forma?
- Si tuviese un sonido, ¿cuál sería? Pueden hacer el sonido en voz alta. Finalizado el ejercicio, "dejan el objeto" y comparten brevemente la experiencia de mirar algo conocido desde diferentes perspectivas. Haz un paralelo de esto con el problema que desean resolver o esclarecer.

7. *Los seis sombreros para pensar de Edward De Bono*

*Objetivo:* Cambiar las formas de pensar en reuniones y espacios profesionales.

*Procedimiento:* Coloca seis modelos de sombreros de cotillón en un lugar visible. Cada uno tiene diferentes colores y representan distintos estados mentales y actitudes.

- Blanco: análisis objetivo de datos e informaciones. Neutralidad.
- Rojo: apreciación de sentimientos, intuición y emociones.
- Amarillo: positivo lógico, beneficios, constructivo y optimista.
- Verde: ideas nuevas, soluciones alternativas.

- Azul: control del proceso de pensamiento. Moderación y control.
- Negro: Negativo lógico, excesiva prudencia. Pesimismo y crítica.

Formula una pregunta-problema general. Cada participante elegirá un sombrero, se lo colocará y responderá desde el estado mental de dicho sombrero. Luego, cambiará de sombrero y volverá a hacer el procedimiento. Asegúrate de que participen todos los presentes. No es necesario que cada uno se pruebe los seis sombreros, con tres sería suficiente. El ejercicio demuestra los posibles puntos de vista a alcanzar sobre un mismo tema.

## 8. *Resistiendo el cambio*

*Objetivo:* Demostrar en forma sencilla y simpática la resistencia al cambio de muchas personas.

*Procedimiento:* Comienza hablando de la resistencia al cambio y de los beneficios que traería para la empresa u organización. Para hacer más creíble el procedimiento, pide que los participantes se crucen de brazos, sentados, enlazándose por los codos con los compañeros de la derecha e izquierda. Luego, indica que están compitiendo y que necesitan hacer fuerza para vencer al otro. Esto derivará en risas y tironeos entre sí. Al cabo de unos instantes, da por finalizado el ejercicio y reflexionen acerca del principio: "Lo que resiste persiste".

## Tres ejemplos de discursos para motivar

*Robin Williams en "Patch Adams" y su impactante discurso cuando el tribunal médico quiere inhabilitarlo*

"La muerte no es el enemigo, señores. Si vamos a luchar contra la enfermedad hagámoslo contra una de las peores que existen: la indiferencia. La misión de un médico no debería reducirse a evitar la muerte, sino a mejorar la calidad de vida. Por eso, si se trata una enfermedad, se gana o se pierde; pero si se trata a una persona, puedo garantizarles que siempre se gana".

*Fragmentos de "Yo tengo un sueño" por Martín Luther King, el 28 de agosto de 1963*

Yo tengo un sueño que un día esta nación se elevará y vivirá el verdadero significado de su credo; creemos que estas verdades son evidentes: que todos los hombres son creados iguales.

Yo tengo un sueño que un día en las coloradas colinas de Georgia los hijos de los exesclavos y los hijos de los expropietarios de esclavos serán capaces de sentarse juntos en la mesa de la hermandad.

Yo tengo un sueño que un día incluso el estado de Mississippi, un estado desierto, sofocado por el calor de la injusticia y la opresión, será transformado en un oasis de libertad y justicia.

Yo tengo un sueño que mis cuatro hijos pequeños vivirán un día en una nación donde no serán juzgados por el color de su piel sino por el contenido de su carácter. (...) ¡Yo tengo un sueño hoy!

Yo tengo un sueño que un día cada valle será exaltado, cada colina y montaña será bajada, los sitios escarpados serán aplanados y los sitios sinuosos serán enderezados, y que la gloria del Señor será revelada, y toda carne la verá al unísono.

Esta es nuestra esperanza. Esta es la fe con la que regresaré al sur. Con esta fe seremos capaces de esculpir de la montaña de la desesperación una piedra de esperanza.

Con esta fe seremos capaces de transformar las discordancias de nuestra nación en una hermosa sinfonía de hermandad. Con esta fe seremos capaces de trabajar juntos, de rezar juntos, de luchar juntos, de ir a prisión juntos, de luchar por nuestra libertad juntos, con la certeza de que un día seremos libres. (...)

Y cuando esto ocurra, cuando dejemos resonar la libertad, cuando la dejemos resonar desde cada pueblo y cada caserío, desde cada estado y cada ciudad, seremos capaces de apresurar la llegada de ese día cuando todos los hijos de Dios, hombres negros y hombres blancos, judíos y gentiles, protestantes y católicos serán capaces de unir sus manos y cantar las palabras de un viejo espiritual negro:

"¡Por fin somos libres! ¡Por fin somos libres! Gracias a Dios todopoderoso, ¡por fin somos libres!".

*Fragmentos del discurso "El arma de la no-violencia" por Mahatma Gandhi, el 7 de Agosto de 1942, India*

Hay gente que tiene odio en sus corazones hacia los británicos. Yo he oído a gente decir que estaban disgustados con ellos. La mente de la gente común no diferencia entre un británico y la forma imperialista de su gobierno. Para ellos, ambos son lo mismo. Hay gente a la que no le importa la llegada de los japoneses. Para ellos, quizá, significaría un cambio de amos.

Pero esto es algo peligroso. Ustedes deben removerla de sus mentes. Esta es una hora crucial. Si permanecemos quietos y no jugamos nuestra parte, no estaremos en lo cierto.

Si son solamente Gran Bretaña y Estados Unidos quienes luchan en esta guerra, y si nuestro papel es solamente dar ayuda momentánea, sea que la demos voluntariamente o nos la tomen en contra de nuestros deseos, no será una posición muy feliz. Pero podemos mostrar nuestra firmeza y valor solamente cuando esta sea nuestra propia lucha. Entonces cada niño será un valiente. Lograremos nuestra libertad luchando. No caerá del cielo. (...)

En el momento en que estoy por lanzar la mayor campaña de mi vida, no puede haber odio hacia los británicos en mi corazón. El pensamiento que, porque ellos están en dificultades, yo debo darles un empujón está totalmente ausente de mi mente. Nunca ha estado allí. Puede ser que, en un momento de enojo, ellos puedan hacer cosas que puedan provocarlos. Sin embargo, ustedes no deber recurrir a la violencia; eso pondría a la no-violencia en la deshonra. (...)

La no-violencia es un arma incomparable, que puede ayudar a todos. Yo sé que no hemos hecho mucho por el camino de la no-violencia y sin embargo, si tales cambios sobrevienen, asumiré que es el resultado de nuestro trabajo durante los últimos veintidós años y que Dios nos ha ayudado a alcanzarlo.

No queremos permanecer como ranas en una charca. Estamos alentando una federación mundial. Esta solamente vendrá a través de la no-violencia. El desarme es posible solo si ustedes utilizan la incomparable arma de la no-violencia. (...)

Si ustedes no aceptan esta resolución no estaré apenado. Por el contrario, danzaré con alegría, porque entonces ustedes serán relevados de una tremenda responsabilidad, que ustedes están ahora poniendo sobre mí.

Les pido que adopten la no-violencia como una cuestión de estrategia. Conmigo es un credo, pero en tanto ustedes están implicados les pido que la acepten como una estrategia. Como soldados disciplinados ustedes deben aceptarla totalmente, y adherirse a ella cuando se unan a la lucha.

La gente me pregunta hasta qué punto soy el mismo hombre que era en 1920. La única diferencia es que soy mucho más fuerte en ciertas cosas ahora que en 1920.

Esperamos que este libro
haya sido de su agrado.
Para información o comentarios,
contáctenos en la dirección
que aparece debajo.

*Muchas gracias.*

**| | $**
**HOJAS DEL SUR**
www.hojasdelsur.com

www.ingramcontent.com/pod-product-compliance
Lightning Source LLC
LaVergne TN
LVHW011330080426
835513LV00006B/264